無頼化した女たち

水無田気流

亜紀書房

もくじ

初出について

第一部　『無頼化する女たち』(洋泉社新書、二〇〇九年)に加筆。

第二部　西森路代との対談

「女子の国の歩きかた　―無類化とゆるふわのあいだで―」

(二〇一二年九月二三日下北沢 B&B)をもとに、大幅に加筆訂正。

第三部　書下ろし

はじめに

一　ニッポン女子はなぜやさぐれてきたのか（『無頼化する女たち』洋泉社新書、二〇〇九年版）

ニッポン女子は強くなった、と言われる。

ただ、その言葉の中身は多様である。社会的地位や発言権を拡大した、のみならず、孤高でマッチョでハードボイルドになった。ついでに、ワイルドでセクシーでビッチーで肉食系にもなった。キャバクラ嬢ファッションが一般女性の間でも浸透するなど、いわゆる「玄人／素人」の文化的線引きもゆるくなって久しい。

要するに、生活力がアップし、精神がマッチョになっただけではない。なんだか全般的に……やさぐれてもきている。女性の社会的自立と旧来の伝統的文化規範からの逸脱が、近年、史上類を見ないほど、一般大衆レベルで進行し拡大してきていること。これを私は、「ニッポン女子の無頼化現象」と呼ぶ。

今さら言うまでもないことだが、世間では、もはや女性が一人で生きていくことを前提に話が進んでいる。独身でいることも、子どもを産まないことも、離婚することも珍しくなくなったし、タブー視されることも少なくなった。もちろん、仕事に打ち込むことも、一人暮らしも、ペット可の単独世帯用マンション購入も、何ら非難されることはない。ここ数年の女性関連流行語も、「負け犬」に「おひとりさま」等、一人で生き、一人で死ぬことを直接的に表現するものが目につく。

たとえば少し前ならば、結婚しない女性は「いかず後家」と呼ばれたし、夫を亡くせば「未亡人」と、まだ亡くなっていなくてすいません、という含みのある名称で呼ばれた。これらレトロな表現は、いずれも「男性パートナーとの関係を中心とした人生を送るべし」という「正しいニッポン女子」のライフスタイルを前提にしていた。

だが、もはやその言い方は確実に時代遅れであり、ついでにセクハラ的でもある。第一、「いかず後家」という言葉に、昔のような破壊力はない。

言葉、とりわけ悪口言葉（侮蔑語）とは不思議なもので、それを言う側と受け止める側双方が、ある程度同じ言語感覚や世界観を共有していないと、コミュニケーション的破壊力は生まれないのである。

今、たとえば「いかず後家」と言われた「負け犬」さんがいるとする。彼女は、昔の「老嬢」さんや「オールドミス」さんのように、「ひどいわ、くやしいわ、よよよ……」と、タイピスト仕様の黒い腕袋を涙でぬらすだろうか？

とてもそうとは思えない。おそらく「いかず後家!?　何それ、古ッ！」と笑われておしまいである。いや、そんな侮蔑語、使う者の言語感覚を疑われかねない。

社会文化現象には、表と裏のそれぞれを司るコードがある。表コードは、政府も表立って奨励する日の当たる領域を支配し、裏コードはその社会のフォースの暗黒面を支配する。

たとえば、「自助自立」「女子労働力率の上昇」等「厚生労働白書」「男女共同参画社会白書」にも書かれていそうな項目は、表コードに。「負け犬」「肉食系女子」「歴女・鉄子」など従来男性向けとされてきた趣味にハマる女子の増加といった昨今の現象は、裏コードに属す。これらはコインの裏表であり、両方同時に目配りしなければ、進行中の「ニッポン女子の現実《リアル》」を、正確に描き出すことはできない。

そう。女性の変貌ぶりを示すこれらの事項は、教科書的な「女性の自立」分野に限らない点に注意が必要である。そこには、八〇年代的な「女性の時代」と喧伝された内容とも、近年官公庁が謳う「ワークライフバランス」とも、温度差がある。

さらに、無頼化現象と同時に、一見それと相反する「婚活」現象をはじめとした安定志向、保守化傾向も見られるなど、女性を取り巻く社会文化現象は、今日複雑かつ一筋縄ではいかない様相を呈している。

いったいなぜだろうか？　それを読み解くことこそが、本書の狙いである。

ポイントになるのは、ここ数年、日本人の「幸福」をめぐる社会環境が、激変してきているということ。そして、女性は男性以上に、このような社会変化を、個人史としてダイレクトに身に受けやすいということである。

女性をめぐる文化的現象は、時代の「気分」を圧縮し表明する。したがって、これを解析することは、昨今の文化状況の深層へと潜入することを意味する。というわけで、ようこそ女子界潜入ゲートへ。まずはページをめくっていただきたい。

二　ポスト三・一一時代を生き抜く無頼化した女たち

本書所収『無頼化する女たち』は、二〇〇九年に上梓された。あれから五年の月日が流れたが、女性たちをめぐる状況は変化があっただろうか？

ものごとには、変わりやすい側面と、頑として動かない部分がある。まず分かりやすい「変化」は、何と言っても東日本大震災と、それにともなう社会変動である。福島第一原発事故と、その後の放射性物質拡散への恐怖や不安は多くの子育て中のお母さんたちを震撼させた。不安の高まりから、婚活もますます盛んになったというニュースも報じられた。

政権も自民党に交代した。安倍首相は、アベノミクス戦略の目玉に女性活用を大々的に掲げている。少なくとも自民党総裁が、女性政策を前面に打ち出した点は大いに評価すべきことだと思う。その中身や、何より家族観・生活観・労働観についての「コレジャナイ」感については、大いに検討の余地ありとは思うが、女性に目が向いた点は大きな前進ではないだろうか。

一方、頑として動かないものこそが、厄介なことにその家族観・生活観・労働観なのである。安倍首相のようなおじさまばかりではない。いやむしろ、近年女子たちの保守化が目立つ。震災後の社会不安は、むしろこの保守化に拍車をかける傾向をも見せている。先日は、勤務先の大学の女子学生も不安のあまり婚活に勤しんでいると聞き、ちょっぴりせつなくなってしまった。

さて、本書は三部構成とさせていただいた。長らく入手困難になっていたが、おかげさまで各方面のみなさまから熱いラブコール……っぽい感じのものを受け、前著『無頼化する女たち』を再所収したのが第一部。

第二部は我が盟友（と勝手に認定心の友とさせていただいている）ライターの西森路代さんとの熱きトークライブ、「女子の国の歩き方」。ここでは、女子会を席巻する「ゆるふわ」VS「無頼化」の様態について、華麗なるマッチアップを繰り広げている。とにかく、西森さんのお話は抜群に面白く、私はずっと笑い転げていたように思うが、映像でお送りできず残念である。

そして第三部は書下ろし「無頼化した女たち」である。タイトルは、ジョージ・リッツァも『マクドナルド化する社会』のあと『マクドナルド化した社会』を刊行したので、それに倣わせていただいた。震災後の社会、アベノミクスは女子界にどのような影響を与えたのか……!? といったことを考察している。

というわけで、ゆるめにパワーアップした女子界ご案内書、どうぞ堪能されたい。

第一部　無頼化する女たち

第一章

ニッポン女子のハッピーリスクと「第一次無頼化」の到来

やさぐれたりもしたけれど、私は元気です

「女は元気だ」というのは、戦後、繰り返し使われてきたフレーズのように思う。

ざっと思いつくだけでも、五〇年代に活発になった「主婦連」の運動、六〇年代後半から七〇年代にかけての「ウーマンリブ」、八〇年代の消費社会成熟期における「女性の時代」、九〇年代初頭の「男女雇用機会均等法世代」の活躍……。

どれもこれも、活きが良くて、新しい熱気に満ちている。停滞し硬直し、産業化と経済発展に「前ならえ！」した男社会に、新鮮な風と多様な価値観を吹き込む雰囲気が充満していたと言っていい。

だが気になるのは、近年、このような「正しく闘う」女性像とは、若干趣《おもむき》が異なる雰囲気が、女子界を席巻してきている点である。その印象をひとことで言うと、最近ニッポン女子は年齢層を問わず、明るく元気というよりは、何だか……やさぐれて無頼化しているように見えるのだ。

たとえば、三〇代以上は『負け犬の遠吠え』に震撼し、さらに上の中高年は『おひとりさまの老後』に共感するなど、「女性が一人で生きて、一人で死ぬ」ことを想起させる言葉が流行った。なんとなくニヒルでハードボイルドで、ついでに七〇年代劇画調である。

恋愛に関しても、「肉食系」化して、草食系男子を食っちまうぞ！　的勢いであるし、婚活にしても、高額な結婚相談所の会費を払ってまでも、所得が高いセレブ男性をゲットすることをいとわない女性が増えてきた。

さらに、年齢層が下がって一〇代、二〇代になると、いわゆるヤンキー文化やそれと地続きのキャバクラ文化などと一般女子カルチャーの垣根が消滅してきて、いわく言いがたいやさぐれ感をかもし出している。

「原始、女は太陽であった」とは平塚らいてうのあまりに有名な言葉だが、これになぞらえれば、「かつて、女は正義であった」というのが、率直な感想である。なぜか、と言えば、社会の中で生きていこうと思うと、おのずと女性は体制の矛盾とぶつかって、正しさを主張せざるを得なかったからである。

たとえば、主婦として消費者の立場からは商品の不当表示、不適正な物価、公害問題などに、仕事をしようと思えば、雇用環境の不平等、低賃金・低待遇に、それぞれノーを叫ばざるを得なかった。

このように、少なくとも女子界のトレンドにおいて、かつて個人の幸福と社会正義は、必要十分関係にあった（と信じられていた）のである。

だが現在、ニッポン女子は以前のように「正しさ」を価値基準の源泉とはしていない。経済社会的にはアッパーでセレブな自立志向、だが文化的にはロウワーでダウナーなアウトロー志向である。

この絶妙なまぜこぜ感を言い当てたのは、「セレビッチ」（辛酸なめ子）であろうか。故ミズ・ミナコ・サイトウに怒られそうな風潮だが（でも個人的に、あの方は元祖セレビッチ風味な気がする）、なぜ、この一見矛盾する志向が両立するのか？

それは、「正しさ（正義）」のため、「私たち女性（人権）」のため、という、二つの「ために」が、近年、急速に瓦解《がかい》したからである。

二一世紀初頭、たぶんニッポン女子は、空前の無頼化をむかえている。それに気づかないオジサンたちは、相変わらず「最近の女性は元気だねえ」などと、寝ぼけたことを言っているように見える。

彼らには、このニッポン女子界で進行中の文化論的大転換が見えないのである。なぜか？それは、これらが女子界をつらぬく、美学的な問題を基盤としているからである。

女の美学《ロマン》は、男、とりわけオジサンには分からない。いや、それを見ないで済む男性こそが、年齢を問わずオジサンという人種なのだ。

これは、女子カルチャーの永遠の真理である。

正しさと望ましさの分裂

あらゆるものが、政治経済と美学の二つの道に開かれている、と言ったのは詩人のステファヌ・マラルメである。このうち、政治経済への道は「正しさ」に直結し、明朗会計で見えやすく、公共の場で論じられやすく、社会科の教科書にも載りやすい。たとえば、「男女共同参画社会基本法」だの、「ワークライフバランス」推奨だのは、「正しさ界」に属している。

一方、美学とは生活観、幸福観、そして何がクールで望ましいかの価値観と直結した「望ましさ界」に属す観念である。人間は普段、正しさよりも望ましさに、感情を動かされがちである。正しさだけでは割り切れない心の領域すべてが、感情なのだとも言えるが。

悲劇的なことに、女子界に限らず、世界はつねに「正しさ＝望ましさ」とは限らない……どころか、往々にして、それらは分裂している。正しいことが正しいのは、誰だって分かっている。でも、「分かっちゃいるけどやめられない」。この言葉は、人間の本性を言い当てている。

親鸞だって、悩んで、悩んで、悩んで、悩みきって、ついに「セックスをやめられなくても悟りも仏道修行もオッケー」の境地に行き着いたのである。相手の女性はみんな観音さまだ、と。すごい論法ですが……。

私も、締め切り前にゲーム機のスイッチを入れる習い性さえやめられれば、今の三倍は仕事ができていたのではないかと、悔やむことしきりである……。ああ悩ましい、「分かっちゃいるけどやめられない」人間の性《さが》よ。

そんなことはともかく、なぜ、今日「正しさ」は旗色が悪いのか？

それは「正しいことが、必ずしも人を幸福にしない」ケースが増えたからである。

正しくても幸福になれない時代

人間は、何のために日々「選択と決定」を繰り返すのか。それは、「幸福になるため」にほかならない。

前述のように、かつて女性は、「正しさ」を求めることに幸福を見いだしていた。だが、いまや「正しさ」を追求しても幸福になれない……どころか、下手をすると後ろ指を差されたり、不利益をこうむる可能性のほうが高まった。また、共闘しようにも、女性の階層もライフスタイルも多様化し、「私たち女性」という一人称が、多くの人のハートにスマッシュヒットしなくなってきた。

とりわけ八六年の男女雇用機会均等法施行後、女性の階層格差は拡大した。能力と機会にめぐまれた女性は、男性と同等か、それ以上の社会的成功を収めるようになったが、それ以外の多数派は、あいかわらず……どころか、鼻先に美味しそうなニンジンをぶらさげられた分、よけいに悔しい気持ちを味わうこととなった。

だが、そこでシュンとしてあきらめてしまう、八〇年代ニッポン女子ではない。また、この時期日本経済は、新しい内需拡大の方途をとらねばならなかった。はっきり言って、オジサンたちも女性に元気よく消費してもらわねば困るし、そのためにも、気落ちされてはまずいのである。だから、女性の能力発揮、自己実現（とそのための消費）が喧伝され、そういう雰囲気を体現した女性たちが、多数メディアに躍り出た。

八〇年代は、「キャリアウーマン」礼賛期でもあった。この語も、よく考えれば雰囲気先行で意味が曖昧だが、ここでは斎藤美奈子の定義に[※一]ならい、「ＯＬ以外の専門職・管理職」の総称としておきたい。女性でも自立できる、特殊専門職を目指すことがカッコよかったのである。

だが、このような専門職は、職種が少なく、間口は狭く、求められる能力は高く、そして何より、せっかく勉強して資格をとっても、実際に仕事を始めたら、見かけ以上にマッチョで女性が入り込みにくい分野だった、ということだって多い。

※一　斎藤美奈子、二〇〇〇年『モダンガール論　女の子には出世の道が二つある』マガジンハウス。

カッコよく「クリエイティブなお仕事」がしたいキャリアウーマン予備軍たちは、焦った。かけるコストは、自分の人生である。絶対に無駄にはできない。

かくして、この「人生行路選択のための情報処理＝自分探し」が、女性たちの一大テーマとなる。この過程で、「フツーのＯＬ」は、就業意識が低く自立していない、カッコ悪い種族として、キャリアウーマンやその予備軍から、軽く侮蔑される対象となった。

実際には、ＯＬの仕事の中身だって多種多様、千差万別。真面目に働き、会社の貴重な戦力となっていた人は大勢いたことだろう。逆に、当時持ち上げられた「自立した女性」イメージのカタカナ職業だって、今どれくらい生き残っているか怪しいものである。しかし悲しいかな、中身よりもイメージによって、勝手におだてられたり、蔑《さげす》まれたりしてしまうのが、情報社会というものである。

そう。八〇年代は、情報化が急速に進展した時代でもあり、それは、個人の人生に、他人が勝手に名前をつけ、ああだこうだと言う機会が増加した時代でもある。

女子界分断戦略をそこに読み取れないか

このような趨勢から、同じ「働く女性」の間でも、「イメージをめぐる闘争」が、激化していくこととなった。やがて九〇年代後半から、女子職業界では、もっと根源的な変化が起こったのである。それは、これまで多数派であった「一般職ＯＬ」種族自体の減少であった。

一九九九年、男女雇用機会均等法が改正された。同年の派遣法改正を機に女性の非正規雇用化に拍車がかかった。端的に言って、一般職ＯＬが、派遣社員にすげ替えられていく路線が明確化したのである。たとえば、雇用機会均等法成立の八五年には、女性被雇用者のうち、正規雇用の者は七割近くを占めていたが、二〇〇〇年代に入ってからは、過半数が非正規雇用となり、現在も増え続けている。

二つの法改正は、実によくこの国の女性観を表している。「理念としての平等」（＝タテマエ）と「経済的な不平等」（＝実質）の矛盾が、何食わぬ顔で並置されているからだ。

考えてみれば、男女雇用機会均等法が施行された八六年、それとは対照的にサラリーマンの妻の年金保険料を免除する第三号被保険者制度もまた導入された。女性にとって、これは矛盾したメッセージを発しているように見えてしまう。つまりこれって、男並みに働けってことですか？　それとも主婦のほうがお得ってことですか？　どっちがお得か、自己責任でよーく考えてみろってことですか⁉

そうではない。とあえて深読みしてみる。

これは、意図的な女子界の分断である。

目立ったところに成功した女性を配置して、多くの普通の女性を発奮させる一方で、主婦とキャリアウーマンの利害対立を激化させる。しかも、実質的な雇用環境の低待遇・低賃金は、さほど変わらない。この状況、得をしたのは……誰でしょうか？

女子界化する世界

人間にとって、いや、社会全体にとっても、最大の「労力の無駄遣い」は、足の引っ張り合いであろう。

目先の利益に目を奪われ、身近な人々との細かい差異を争い、少しばかり抜きん出た人間を引きずり下ろそうと懸命になる。それにより、人生のエネルギーの多くを奪われてしまい、自分たちの置かれた状況を、一歩引いた場所から客観的に眺める余裕をなくしてしまう……。

こんなことをする人が増えれば、社会全体はぎすぎすしてくるし、多くの人が能力を存分に発揮する機会は減るし、余計な気遣いに費やす時間は増えるし、何ひとついいことはない。だが、社会が余裕をなくすと、こうした事態が増えるのは、周知の通りである。

これはまさしく、女同士の足の引っ張り合い……。そう思った方は多いだろう。もちろん、女子界では近年、この陰湿な闘争が激化した。だが、恐ろしいことに、ここ数年は男子界でも、この傾向は顕著であるように見える。

「空気読め」という言葉の流行は、端的にこれを示している。注意したいのは、この語をより頻繁に使うのは、女性より男性が多いように見える点である。

「空気という怪物」。この傾向を、戦前の気分の復活、と指摘する人もいる。だが私は、もっと根本的な文化変容のように思う。今の日本では空気を読み合うコミュニケーションのあり方が、性差を超え普及してきている。これは、社会が満遍なく女子界化していることの表れと言えないだろうか。

いわゆる「草食系男子」現象は、この傾向にも即している。

彼らは、あらかじめ行動や思考の範囲を限定し、安全圏から外に出ようとせず、新しい刺激をがつがつ求めない。繊細で配慮に長《た》け、相手を傷つけないよう十全の気配りをする。これはまさに、争いを避けるため、長年多くの女子がとってきた「サバイバル技法」と酷似している。

だが、この戦法にも限界がある。長年、ニッポン女子の多くは草食系であった。地味豊かな土地と、生い茂る牧草がある時代、それはもっとも賢明な生き残り手法であった。

けれども、窮鼠《きゅうそ》猫を噛む。シマリスだって、追い詰められれば蛇を噛むらしい。そうやって、噛んで食らって牙を研いでいるうちに、いつの間にか女子は猛獣化してきている……というのは、言い過ぎか。

ともあれ、魑魅魍魎《ちみもうりょう》の女子界の歩き方は、当然、男性より女性のほうが長けている。世界が女子界化したことによって、新規参入者かつオジサンより弱い立場の若い男性は、おっかなびっくり触覚を伸ばして歩かねばならなくなった。

バブル女子は脳内世話焼きおばちゃんの夢を見るか

女性が無頼化した理由は、他にもある。そもそも、女性は「国」や「社会」を信じていないところがある。その傾向が、近年ますます強まっているのだ。

ちなみに、信じていない理由は簡単で、当の相手から信じられていないからである。たとえば、市場ではどうだろうか。ローンを組もうとしても、起業しようとしても、男性より「信用」は低い。また、企業では長年「主力」扱いされず、現在も待遇は低いままである。国が定めた「男女雇用機会均等法」「男女共同参画社会基本法」なども、現状を見れば、ほんの標語程度にすぎないと言える。自分を信頼してくれない相手に尽くす義理はない……とは、思いませんか？

言い換えれば、日本の経済社会システムは、女性をあまり積極的に守ってはくれないのである。法制度は完備されても、実体はお寒い限り。なぜか。それは、女性を守るのは、基本的に社会（公的領域）ではなく家族（私的領域）である、との暗黙の前提があるからである。

この前提は、七〇年代頃までは矛盾なく社会を覆っていた。当時、男女とも三〇歳以上の既婚率は九割を超え、男性の就業状況も安定していた。だから、社会の側は、女性を経済活動の場でそれほど厚遇しなくても、夫である男性被雇用者を厚遇していれば、問題は起きなかったのである。

つけ加えると、日本の妻は、通常夫の財布をそっくりそのまま手渡され、夫に「お小遣い」と称する小銭を渡して、残りの家計を「やりくり」するという慣行がある。だから、経済社会システム上の不公平は、日常生活上、既婚女性には見えないし、不満も抱きづらいのである。ただし、稼ぎの安定した夫をつかまえている限り、なのだが。

結婚に関して言えば、六〇年代半ばまではお見合い結婚が恋愛結婚よりも優勢であったが、その後次第に恋愛結婚の割合が高まっていった。それ以降もこの傾向は止まらず、恋愛結婚の割合は増加し続け、九〇年代半ば以降、お見合い結婚の比率は全体の一割を切っている。これは、女性の意思決定が、恋愛関係や結婚行動に大きく影響を与えるようになっていった過程とも言える。

お見合い結婚が隆盛のころは、家族や地域社会が、よってたかって女性の「お相手」を選別した。家柄、学歴、就業状態、それにギャンブルはやらないか、大酒飲みではないか等々の基本的チェック事項をパスした相手でなければ、紹介した側の面子にかかわるからである。

つまり、地域社会が家族関連行動にコミットする機能を十全に備えていたのである。

だが、恋愛結婚の場合、選んだ責任は当の本人にある。ましてやニッポン女子の場合、結婚は、自分が生涯握りしめる「財布」をゲットするという意味合いが強い。このため、女性本人が、相手の男性にあれこれ条件を厳しくあげ連ねるようになった。

八〇年代後半、結婚相手の男性に、三高（「高学歴」「高収入」「高身長」）を条件づける「タカビー」（死語……）な女性が話題になった。「女も生意気になった」とブツブツ言うオジサンも多かったが、そうとばかりは言い切れない。

自由で主体的な恋愛は、その責任も個人に帰する。

お見合い結婚相手が、浮気してギャンブルで借金をこしらえて生活費を入れず暴力をふるったら、家族は紹介者や仲人というエージェントを通じてクレームをつけることもできるだろう。

だが、恋愛結婚の場合、誰にも文句は言えない。いや、家庭裁判所などの公的な介入を頼むことは可能だが、八〇年代当時は、ＤＶ防止法もストーカー規制法も児童虐待防止法もなかった。

この時期、たしかに恋愛至上主義の幕が上がり、主体的に「エロス」を語る女性作家やアーティストがもてはやされるようになった。それにもかかわらず、いや、それだからこそ、ニッポン女子は結婚相手を選ぶ自由を手にして、むしろ保守的になった。いや、意識的になった、と言ったほうがいいかもしれない。それまでは、結婚相手の条件について、本人があれこれ考える必要はなかったのだから。

ニッポン女子の脳内に、昔は町内会に一人は常備されていた「世話焼きおばちゃん」要素がインストールされたのは、この時期である。そして、戦後ニッポン女子の「第一次無頼化」

の波が訪れたのも……。

理由は、後ほど詳解する。

再帰的女性性、あるいは女をコスプレする女たちの登場

八〇年代後半のファッションは、当時の女性たちの「気分」を実によく表している。戦闘的な肩パット入りでありながら、女性性を強調する絞りの入ったジャケットに、タイトスカートをあわせたスーツ。ぶっとい眉をぎりっと引きながら、真っ赤な口紅を塗り、髪型はあくまでもロングで、ストレートの「ワンレン」か、しめ縄を解いたような「ロング・ソバージュ」。

バブル……。

思い浮かべただけで、ため息混じりで、この単語が口をつく。

ちなみに、「ボディコン」と呼ばれたこのファッション、源流はアズディン・アライアが八四年春夏のパリ・コレクションで発表したものである。これが、八七年には世界的に波及した。[※二] 背景には、この時期、女性の権利拡張運動が一段落し、「あえて」男女の身体の差異を強調する雰囲気が高まったことがあげられる。

※二　高村是州、一九九七年『ザ・ストリートスタイル』グラフィック社。

そのとき日本は……まさしくバブル。そして雇用機会均等法第一世代が「戦闘開始」した時期にあたる。バブル女子には、さぞかし頼もしい「武装アイテム」であったに違いない。

そう。バブル期女子ファッションは、「誘惑しているのか威嚇しているのか、はっきりしろ！」という男性からの文句がとんできそうな雰囲気にあふれていた。女性が社会に出て働くことのアンビバレントな状況と、女子界の文化変容をストレートに表していた、とも言える。

肩をいからせて主張しつつ、女性らしさを全面に打ち出す。この総ポジティブな構えこそが、バブル期女子の真骨頂である。

これまで、日本の女性らしさは、「引き算」で表現されることが多かった。控えめ、物静か、おしとやか……。これが、一気に「足し算」に反転したのがバブル期文化である。

どうしてここまで極端だったのか？　それはニッポン女子が、この時期まで自己主張に慣れていなかったからである。

たとえば、江戸時代は儒教文化の下、女子の心得とは「女訓書」ベースの『女大学』である。幼い時は親に従え、嫁いだら夫に従え、年老いたら子どもに従え、というのは有名だが、他にも、怒るな、妬むな、人の悪口は言うな、目立つ衣服を着るな……と、「禁止」づくし。要するに「自分の意見や感情を持つな」というような教えなのである。

また、明治維新以降、女子教育の重要性が認められるようになったが、あくまでも「良妻賢母」が基調。もちろん、儒教精神に比べればかなりの進歩だが、男性の人生をサポートするのが最善、というのは変わらない。

戦後も、家制度に代わって核家族システムが普及したが、これも主婦化を推し進めるばかり。しかも、家族やコミュニティが結婚の「お相手」を選択し、仕事は腰かけをもって旨《むね》とせよ、である。

要するに、ニッポン女子は、バブル期に至って初めて庶民レベルで「自己主張デビュー」したのだ。そりゃ、舞い上がって「タカビー」にもなりますって。

しかし、それは思想や政治的な意味での主張ではなかった。

たとえば、欧米で六〇年代以降起こった「第二期フェミニズム」――「第一期フェミニズム」は、一九世紀以降、女性参政権獲得のために行われた運動だが、対して「第二期フェミニズム」は、日常に潜む性規範を批判した――は、男性に媚びる服装や化粧をも否定したとされる。ブラジャーを焼き捨てた人々もいる、などともまことしやかに囁かれたが、重要なのはことの真偽よりも、女性的装いがシンボルとして攻撃された点である。

だが、バブル期、ニッポン女子カルチャーは、進んでフェミニンな女性像を模倣した。自らの女性性をいったん突き放し、客観視した後、過剰に再構築したのである。この姿勢は、女性による女性性のパロディ化と言える。湯山玲子は、このあり方を「女装する女」[※三]と直接的かつ鮮烈に表現した。第三章で詳しく述べるが、この傾向は、変更を加えられながらも現在までつづいている。

少し硬い言い方をすれば、この女性によって再構築された女性性は、「再帰的女性性」ということになる。自然なもの、あるいは自然だとされてきたものを、女性自身が意識化し、再考し、「あえて」選択したからである。重要なのは、その過程で、女性が自らの特性について、自ら考える資格を獲得したということである。

まあ、本当のところ、多くのニッポン女子は、単に流行《はや》りだからと着ていただけなのかもしれない。そして、今やテレビ番組では、バブル期のちょっとおいたが過ぎたファッションの写真を公開して、恥ずかしそうにしているアラフォー女子が、ネタにされていたりする。

たしかに、この時期のファッションは、二〇年後に見れば……。

いいえ、やめておきます。

バブル期、戦後ニッポン女子の「第一次無頼化」が起こった

ファッションと音楽ほど、時代の「気分」を映し出すものもない。両者の様式《スタイル》／流行は、「時代」を視覚化・聴覚化したものだからである。たとえば、車とデートとリゾートを歌った「バブル・リリックの女王」松任谷由実は、消費と恋愛の主導権を握る女性像を高らかに掲げた。これはファッション同様、多くのバブル女子たちの「気分」と共鳴した。そして、この時期女性自身の手に、女性性を差配する表現形式《スタイル》が初めて奪取された。だから、私はバブル期を

戦後ニッポン女子の「第一次無頼化」到来期と呼びたい。

背景には、雇用機会均等法の施行や消費社会化の進展により、女性の発言力が増したこと、何より女性が全体的に今までになく自信をつけたことがある。

無頼化とは読んで字のごとく、「他に頼むものがなく一人で生きていくことを前提に、あらゆる価値基準を決定するようになること」と定義できる。

「無頼」の語は、もともと「史記」高祖本紀で使用された言葉である。これは、正業に就かず、無法な行いをする者を意味していた。だが、女性の「正業」は定義が難しい。経済社会状況が変化すると、「正業」も「正しい女性像」も、あっという間に変化してしまうからだ。

少なくとも、違法ではない領域で働いていさえすれば、とりあえず何も文句を言われない男性に比べ、女性の社会的評価は、極めて複雑怪奇なのである。

高度成長期に定着した専業主婦の奥さま像も、その後のキャリアウーマン礼賛も、近年のワークライフバランスに則《のっと》った働く女性像推奨も、すべて社会の側の都合で褒められたり、時代に合わなくなると貶《おとし》められたりしてきた。ジェットコースターのように、上がったり下がったりしやすいのが、女性の評価である。

※三　湯山玲子、二〇〇八年『女装する女』新潮新書。女子カルチャーにおける「装い」という分野の、濃度の濃さと複雑さについては、同書を参照していただきたい。

バブル女子は、この移ろいやすい評価を一蹴した。だが、問題はまだ大量に残されていたのである。

楽しい消費生活の罠

女子界の複雑さは、女子カルチャーの複雑さとも連動している。

今日視界をさえぎる最大のベールは、八〇年代以降の消費社会化の進展である。これが、表層的には階層格差を見えなくした。

パラサイト・シングルの派遣ＯＬも、エリート・キャリアウーマンも、同じルイ・ヴィトンのバッグをもてば、見た目も心性的にも格差感は低減する。消費行動とは、まさに「正しさ」よりは「望ましさ」界に属すものである。望ましいことが、人々の行動指針上、正しいことに取って代わったのも、八〇年代であった。

人が、自分の行動や価値観を決定する際、基準とする集団を、社会学では「準拠集団」という。通常は、家族や地域社会、友だちなど、自分が現に所属している集団がそれになるが、情報化の進展は、それに「メディア・オプション」を付加した。

たとえば、『装苑』を読んでいるモード系女子が、『ＪＪ』ファッションの女子と趣味が合うわけはないし、ロリータファッション少女がヤンキー少女とつるん……だら、『下妻物語』

（嶽本野ばら）である。余談になるが、同作映画版の深キョンと土屋アンナの友情は、種族の壁を乗り超えた異文化間交流と言える。だから、あんなにインパクトがあったのだ（!?）。

ともかく、私たちは、人種や国籍以前に、所属する文化集団、スタイル（日本なら「〜系」であろうか）によって分化されている、と言ったのは、フェリックス・ガタリだったか。言い換えれば、同じ準拠集団にもとづくスタイルさえ保持すれば、他の差は雲散霧消してしまうのが、消費社会の特徴なのである。

この趨勢は、世代間ギャップも解消した。日本人の世代を一五年ごとに区分し、それぞれ「戦争世代」「第一戦後世代」「団塊世代」「新人類世代」「団塊ジュニア世代」「新人類ジュニア世代」とした場合、「新人類世代」以降は、非常に近しい志向性を示している。※四「新人類世代」が活躍した八〇年代は、日本の消費社会が進展した時期である。この時期、世代間の意識格差解消が進んだことは、偶然ではない。

女子界で同時進行したのは、階層格差の進行と消費行動の均一化という、一見矛盾する事態である。このギャップは多くの個人史に、きしみや歪みをもたらすことになった。

思うに、摂食障害や買い物依存症など、今日《こんにち》女性に多い嗜癖《しへき》は、この歪みを身体化したも

※四　ＮＨＫ放送文化研究所編、二〇〇四年『現代日本人の意識構造　第六版』。

のではないだろうか。いたましい患者たちが嗜癖しているのは、当の行為や食べ物などではない。彼ら／彼女らが嗜癖しているのは、あえて言えば「幸福」である。より正確に言えば、「幸福になるためのプロセス」である。

だが、単なるプロセスであったはずの当のものに拘泥《こうでい》してしまうとき、病理が発生する。それらの行為は、当の本人を幸福にしない、どころかどこまでも泥沼に引きずりこんでいく。支払い不能なほど買い物をして激しい自己嫌悪に陥ったり、食べてはいけないと思いつつ、一日中食べ物と痩せることばかりを考える。このゾッとするほどの不幸と過剰を、今の社会は根底に抱え込んでいる。

なぜなら、幸福感をつねにインフレ状態にしておくことが、消費社会の基本命題だからである。

ハッピー・インフレ時代

近年、幸福になるためのハウツー話が、あらゆるメディアを席巻してきている。これも、幸福がインフレを起こしているからである。

「幸福になるため」の方法論は細分化していて、それは主に①社会的活動（＝仕事）、②経済的活動（＝蓄財、投資、消費など）、③私的人間関係（＝恋愛、結婚）をいかにして個人の努力で向上させるのかへと話題が集中している。

ここで、私の脳内に常駐している質問者が手を挙げた（以下、質）。

（質）「え？　それ以外に、人間、何があるんでしょうか？」

「ありますよ。っていうか、あったような気がします」

（質）「教えてください」

「うーん。その前に、①〜③の特性について整理してみましょう。たとえば今、〝就職活動〟、略して〝シューカツ〟は人生の一大トピックです。この手の話題は、①の社会的活動（＝仕事）分野で、希望の職をゲットするための話ですよね」

（質）「はい。それが何か？」

「シューカツ本や、セミナーでは、どうやったら上手く希望の会社に入るのか、ということが話の中心になりますが、はたしてこれだけでいいんでしょうか？」

（質）「と言うと？」

「大学生の多くは一部上場の大手企業を希望しますし、カッコよくておカネがよくて待遇もよくて、というのを希望しますね。でも、日本の企業というのは、数から言えば、中小企業がほとんど。名前を知られていないような会社が多数派です。つまり、希望∨現実の格差が大きく、相対的に不満を覚える人が圧倒的多数であり、情報化が進展した分、不安を覚える人も多数派になります」

質問者君は、不満そうな顔である。

(質)「だから、そうならないための、シューカツ本やセミナーなんじゃないでしょうか?」

「たしかに、質問者君の言うことにも一理あります。自己表現のイロハのイも知らないような人が、常識力を鍛え、社会の仕組みを骨身に浸みて知る、という意味で、シューカツ本やセミナーは有意義だと思います。でも、私が問題にしているのは、相対的に不満や不安を覚える人が高い割合で存在するということを、結局のところハウツー・シューカツ本は教えないし、救えないということなのです」

(質)「夢も希望もありませんね」

「そうではありません。人間、夢や希望は大いに持つべきです。でも同時に〝夢や希望や向上心が見えなくするもの〟についても、検討しておく必要があるのです。そうでないと、落とし穴にハマった人は、いっさい救われなくなってしまいますから。言わば、志向性にも〝セーフティネット〟が必要なのです」

(質)「……はあ。で、②と③は?」

「はい。②の経済的活動については、誰もが自分だけ得をしようとして、その方法論が一般化すると、やがて得する人は少なくなるという罠が待っています。③の恋愛・結婚というのは、そもそも運の要素が大きい。人間関係という要素は、変数が大きく、偶然性に左右されやすいのです。あまりにも不確かであるため、誰も責任を取らずに済むのが、ハウツー恋愛もののいいところですね」

(質)「いいところなんですか?」

「はい。書き手も読み手も、誰も損をしませんね。社会的成功法や蓄財法などと違って、みんなで夢〝だけ〟を見られる分野というのは、何にせよ、素晴らしいものです」

(質)「……」

「………」

(質)「…………………分かりました。話は戻って、社会活動・経済活動・私的人間関係以外に、人間には何があるんでしょうか?」

「あります。人類史をつらぬく、〝魂の救済〟が」

(質)「……帰らせてもらいます」

「ちょっと待った! 今でも流行っていますよ! 魂要素は、スピリチュアルでパワースポットで開運願掛け縁結びな領域で! とくに、女子界では大流行! ご損はさせませんから、聞いておきなさいってば!」

スピリチュアルなニッポンの私

質問者君が凍りついたところで、以下解説。

幸福がインフレを起こすと、幸福になるためのマニュアルもの、ハウツーものの需要が高まる。そして、多くの人がその方法を実践すると、次の三つのことが起きる。

第一に、技法の高度化。多くの人がそのスキルを磨くため、競争が熾烈になり、その結果、望ましい対象は「値上がり」を起こす。

第二に、意識化。人間、何となく、ぼんやりこうだったらいいなあ、くらいだったら、その対象を逃してもそれほど悔しくはなく、ぼんやりやりすごしてしまう。だが、それにコスト（時間・手間・お金）を投入したら？　元を取らねば惜しい、という気持ちになって、より強く得たい対象を意識するようになる。これにより、望ましい対象は「値上がり」を起こす。つまり、絵に描いた餅がより美味しそうになる、ないしは、より美味しそうな餅を絵に描く人が増える。

このため第三に、得られないものに対する精神的飢餓感も煽られることとなる。これはどうやって解消するか？　もっと情報を収集して、努力する？　でも、いつまでたってもダメだったら？　自分が得られないものを得た他人を、こき下ろして溜飲《りゅういん》を下げる？　うーん、それもあるかも。でも、それじゃ自分は幸福になれないし、ひどく不毛である。

じゃあ、幸福になりたくてなりたくて、それ以外の結果を選びたくない人が、一生懸命合理的な努力を積んでも、なかなか成果が得られない場合は？　私たちは、手段は選べても結果は選べないのである。だが、この真実は意外と忘れられている。

というわけで……現世《フッー》のパワーだけじゃ不足！　だから、必然的にハウツーもので得られなかった幸福を得るべく、スピリチュアルが流行るのである。

思えば、平安時代ならまだ楽だった。悪いことがあると、「これはさぞかし前世の宿縁が悪かったに違いない」で済むからである。信仰は、人間に諦念《ていねん》と行動の抑制をうながす効果もある。袖を涙でぬらして、あの世の幸福を願えば一丁上がり。平安貴族の幸福の値段は、今の庶民より、ある意味お安いものだった。だが、現代の日本は、信仰の空洞化時代を迎えている。

戦前、日本は農業国であった。それが高度成長期の激しい社会移動を経て、農村出身の若者は、都市部へ流入してホワイトカラー労働者や、工場労働者になった。都市郊外に新しく世帯を構えた家族は、日本型家制度にもとづく故郷を捨て、代わりに「マイホーム」を基盤とするアメリカ型核家族を志向した。

言い換えればマイホーム信仰とは、かつての農家における土地信仰・家信仰が、そっくりそのまま「変換」されたものと言える。したがって、この時期は、まさに心性も含めた「ニッポンアメリカ化計画」推進期であったのだ。

アメリカは、過剰な個人消費が経済を牽引する国である。物的豊かさこそが幸福の指標と言える。それを模倣した日本は、「二〇世紀に最も経済成長した国」になった。

日本経済は、オイルショック以降、プラザ合意や内需拡大路線などを経て消費社会の成熟を見た後、バブルが現れ、そして崩壊した。その後いったんは「いざなぎ越え」と呼ばれる、多くの人には実感がともなわない回復期を迎えたが、リーマンショックで、一気に「百年に一度の不況」となった。

上がったり、下がったりの中、人々の間では、「確実な将来や幸福」を信じる心性が磨耗していった。

現在の日本社会は、人々の購買意欲も物欲も、縮小傾向にある。

バブル崩壊以降、この国がたどった道は、高度成長期的な物神崇拝が打ち砕かれる過程でもあった。アメリカ型消費が信仰の核を担っていた時代は、確実に終焉した。

だから、ハウツーものとスピリチュアルものが、同時に流行るのである。

これらは、ともに信仰の代替物だからだ。いや、これで幸福になれる人も大勢いる以上、もはや単なる代替物と切り捨てることはできない。

むしろ、本物と代用品の境界線が消滅し、それらが人々の前で横並びに置かれていることこそが、今日の社会の特徴である。

女子が幸福に貪欲な理由

だが、問題は残っている。誰もが幸福を求める社会は、誰もが潜在的に幸福への飢餓感を抱え込んでしまう社会でもある。

高度成長期、家電「三種の神器」が行き渡り、一億総中流となった社会では、大多数の人がそれなりの幸福感を得ることは、それほど難しいことではなかった。だが、幸福がインフレを起こした結果、いつの間にか「幸福」が「成功」(とくに経済的成功)へとすりかえられてきた。世の中には、成功していなくても幸せ、という人もいれば、成功しても不幸な人だっている。たとえば、ギネスブックに載った「史上最も成功したエンターテイナー」の故マイケル・ジャクソンを、「史上最も幸福な人間」だと単純に思えるだろうか?

日本では、高度成長期中ごろの一九六四年から八一年にかけて、一人当たりの実質GDPは約二倍になったが、主観的幸福感はまったく変わらないという報告もある。

誰もが幸福になる社会を設計することは、誰もが成功する社会を設計することよりは、現実的である。幸福は、成功に比べて、他者の不運や不幸に抵触しない……どころか、他者の幸福と共存し得るからである。

ところが今日では、グローバル化の最中、若年層や女性を中心に、総体的な賃金低下傾向に歯止めはかからない。また、日本型雇用慣行が崩壊しかけているため、安定した生活を確保できる人の数も減少傾向にある。日本の被雇用者は、すでに四割近く[※五]が非正規雇用である。もちろん、彼らのすべてが不幸とは思わないし、望んでその職に就いた者もいるかもしれない。だが、従来型の正規雇用を「成功」とするならば、着実に「パイは縮んで」いるのだ。元が小さいので、取り合いは熾烈になる。他人を蹴落として成功しなければ幸福にはなれない、という心性が多数を占めることとなる。結果、社会全体がぎすぎすして、他者と協業し情報を共有し、ともに切磋琢磨しようという気分は磨耗してしまう。このような社会が、はたして幸福と言えるだろうか。

とくに女性は、幸福に貪欲である。女性にとって、幸福感とは安心感とほぼイコールなのだ。なぜか。前述したように、経済社会システムに守ってもらえないため、安心・安定志向が強くなるのである。

よく「女性は子どもを産む性であるから安定志向が強い」という言説を目にする。それも確かにあるが、生物学的な問題というよりは、むしろこの国で女性が負わされた「産む性としての過度な社会的負荷」が、女性を安定志向にさせているとは考えられないだろうか。子どもを産むには機会費用が高く、女性は出産すれば、ますます経済社会システムに守られなくなる。この点について、もっと論じられるべきである。

さらに近年、未婚率は上昇し、配偶者がいても給与は伸び悩むか、下手をするとリストラの脅威にさらされる事態も増えた。かつてのように「三食昼寝つき」主婦になるというライフコースが、もはや高嶺《たかね》の花になってきている。

人間、誰しも幸福を望むが、幸福の理想像と現実に得られる幸福の間には、つねに落差が存在する。社会の変化が激しい時代には、その理想と現実の差は、拡大する傾向がある。

ハッピーリスクがニッポン女子を襲う

今まで述べてきたように、幸福になるためにかけたコストが、「元本割れ《がんぽん》」を起こすこと。これを私は、「ハッピーリスク」と呼ぶ。社会の変化が大きいとき、男性以上に女性の人生は、このハッピーリスクが高まるのである。

バブル期、まさにハッピーリスクの高まりとともに、ニッポン女子の無頼化が進行した。八〇年代、ニッポン女子は、経済的自立や恋愛の主導権奪取が急激に称揚された。その過程で、理想のライフスタイル像も激変した。背景には、都市型消費スタイルや、自立した女性像が喧伝されたことがあげられる。これは女子界の「望ましさ」の大転換でもあったが、現実には多くの矛盾を抱えていた。

それが糊塗《こと》されていたのは、女子たちの多くが、「母親世代よりは自由」「自分探しすれば成功するチャンスがある」という希望を持っていたからである。これらは、自助自立を前提としていたため、おのずと無頼化女子比率は上昇することとなった。

しかし、それらはやがて壁にぶつかることとなる。バブル崩壊と失われた一〇年を経て、

※五　総務省、二〇一三年「就業構造基本調査」より。

この傾向はますます苛烈化している。現在、ニッポン女子は、幸福になろうとすればするほど、不幸になるという現象が目につく。

たとえば、九五年から『FEEL YOUNG』に連載された安野モヨコの『ハッピーマニア』は、九〇年代女子の幸福飢餓感のシンボルである。恋人を求めて行脚する重田加代子が求めているのは、実在する「カレシ」などではない。恋愛が満たしてくれるはずの「高純度の幸福そのもの」への激しい追慕なのだ。

ゼロ年代に入り、その傾向は、ノンフィクションの分野で、より生々しく吐露されるようになる。二〇〇〇年から連載された倉田真由美の『だめんず・うぉ〜か〜』のような恋愛弱者の当事者語りや、中村うさぎの『ショッピングの女王』シリーズのような破滅的消費生活追求話が支持されたのは、女性のライフスタイルの高速変化と、それにともなう混乱状態、そして何よりも女性自身が薄々、自らのハッピーリスクの高まりを自覚しはじめたことに起因する。ひとことで言えば、幸福飢餓状態の自分たちを、パロディ化する基調が現れたのだ。この点については、第三章で詳しく述べる。

求む「札束と花束を背負ったいい男」

さて、「女の幸せ」とは何であろうか。

かつては、結婚こそが「女の幸せ」とされた。だが、今日では、晩婚化・未婚化が進行し、ライフスタイルも多様化した。さらに、若年男性層の雇用環境も悪化したことから、「いい男」の数も減少した。

今、理想の結婚相手は、と女性にたずねれば、「年収とコミュニケーション能力が高い人」ということになる。これを私は、「札束と花束を背負った男」と呼んでいるが、実際にこういう人は少数派であろう。

東京では、二〇代後半〜三〇代半ばの女性は、四割が結婚相手として年収六百万円以上を稼ぐ男性を希望しているが、同年代の男性でそのくらいの所得の者は三・五%にすぎない。[※六]

ニッポン女子は、あいも変わらず「上方婚志向」——自分より学歴も所得も上の相手と結婚するべし——を、骨の髄まで植えつけられている。これは、長年の雇用における男女格差の産物である。男女雇用機会均等法が施行されて二〇年以上経つが、感性はいまだ変わっていない点が、やっかいである。

ニッポン女子の暮らし方を概観すると、戦前から高度成長期にいたるまでは、つねに家族とともにいるのが一般的であった。つまり、結婚して初めて家を出る、というパターンである。

だから結婚相手は親代わりに、自分の生活基盤を支えられるような経済力のある男性が望

※六　山田昌弘、二〇〇六年『新平等社会「希望格差」を超えて』文藝春秋。

ましかった。しかも、アメリカ型核家族のライフスタイルを刷り込まれたニッポン女子は、主婦になると（少なくとも子どもができれば）マイホームを志向する。高度成長期的幸福観を具現化したのは、とどのつまりホームコメディなのであろうか。

「奥様は魔女」と『キッチン』

六〇年代後半から繰り返し放送されたホームドラマに、「奥さまは魔女」がある。これはまさしく、アメリカ型ライフスタイル宣伝ドラマであった。広くてピカピカのキッチンに電化製品をそろえ、おしゃれなファッションに身をつつみ、家事はダーリンに見えないところで、魔法でこっそりちょちょいのちょい、のサマンサ。多くのニッポン女子の脳内には、今でも彼女が住んでいるのだろう。

人間は、現実の環境に適応していると思いがちだが、その実、脳内に構築した「擬似環境」に適応しているにすぎない――この点を指摘したのは、ウォルター・リップマンだが、「六〇年代アメリカ中流層型マイホーム幻想《サマンサみたいな素敵なおうち》」は、ニッポン女子の脳内を、大いに侵食している。

八七年に大ヒットしたよしもとばなな（当時の筆名は吉本ばなな）の『キッチン』が、性転換母と息子のやりとりに、この「奥さまは魔女」を重ねて見せたのは、偶然ではない。この時期、家族は解体（個人化）を迎え、家族生活は大きく変容しようとしていた。

女性の一人暮らしが珍しくなくなったこの時期、あえて選択的家族と擬似的団欒をいとなむ構図が、あれほど幸福に描かれ、当時一〇代、二〇代であった現アラフォー女子の間で、支持されたのはなぜであろうか。

実は日本の家制度は、もともと死者によって根拠づけられていた。「先祖の墓」を守ることを一族の紐帯《ちゅうたい》として、本家を中心にその分家が庇護《ひご》と支配を受ける、というのが典型的な農村の家制度である。

一方、アメリカ型核家族のライフスタイルは、死者ではなく生者（核となるのは一対の男女）を基軸としている。だからこの理想像が輸入されたとき、死者を中心としていた人々の絆は、いったん雲散霧消した。

この欠落を補完するためには、「アメリカンホームドラマ」という新しい物語が必要だった。しかし、それは架空の夢物語に近かった。だから、よしもとのあの小説タイトルは、「台所」ではなく、「キッチン」でなければならなかったのだ。

『キッチン』は、それぞれにかけがえのない家族を失った登場人物が集い、再編されていく物語である。その紐帯となったのは、「死者の個人的な引き受け」と言える。そもそも、ヒロインの名前からして「みかげ」――墓石に使われる御影石を想起させる――という点が、象徴的である。

よしもとは、「ニッポンアメリカ化計画」のはらむ欠落を、いち早く見抜いた作家でもあった。そして、この感性が、「従来の家族像のオルタナティブ志向」を強く持つ現アラフォー女子たちの間で、受け入れられたのである。

普通の幸福が普通には手に入らない時代

だが、脳内サマンサ女子たちの多くは、この理想の家族と土着の家制度の矛盾に気づかなかった。そのうえ女性は自己防衛意識が強く、家族への依頼心が強い。自らのテリトリー意識も強く、居住空間へのこだわりも強い。自らを守るシンボルとして、素朴に「マイホーム＝幸福」信仰を譲らない人も、いまだ多い。

ちなみに、アメリカの持ち家制度を支えていたのは、手厚い住宅支援政策であった。近年、サブプライムローンのせいで悪化したが、もともと住宅取得に関して、アメリカは日本よりはるかに容易な国である。

周知のように、アメリカでは一九三〇年代の世界恐慌期に、ファニーメイ（連邦住宅抵当金庫）と、フレディマック（連邦住宅貸付抵当公社）の巨大金融機関が設立され、民間金融機関の住宅ローン債務に対し、巨額の保証や融資を行ってきた。

二〇〇八年九月に、ブッシュ政権は両社を全面的に救済したが、このことはアメリカ社会における住宅市場が、いかに重要な位置を占めるかを物語っている。語弊を恐れずに言うならば、こと住宅取得に関しては、アメリカはまるで社会主義のような国である。これらが後押ししてこその、「サマンサ・スティーブンス」だったのだ。

一方、日本で一般サラリーマン世帯の住宅取得を助けたのは、国ではなく私企業である。終身雇用と年功序列型賃金体系、それに企業福祉の一環としての潤沢な住宅補助が、マイホーム家族の普及を可能にした。住宅政策も、このような雇用環境を前提にしていた。

だが、九〇年代後半、住宅政策は日本型雇用慣行の崩壊とともに、庶民の実情との齟齬《そご》をきたしはじめる。非正規雇用の増加と所得格差の拡大は、持ち家のハードルを高めた。たとえば、公営住宅入居の平均倍率は、九七年の二・六倍から、〇七年には八・七倍に跳ね上がっている。

一方、上手く持ち家を取得できた層も、うかうかしてはいられない。人口減少時代を迎えた今、もはやかつてのような郊外住宅地価格の値上がりは見込めない。言うまでもないが、一般に日本の住宅は、二〇年も経年すれば、上物評価額はゼロとなる。また、注文販売住宅が主流であり、アメリカのように中古住宅市場も大きくはない。つまり、マイホームに投機的な意義はほとんどないのである。

このように、マイホームを所有することは、普通の世帯にとってリスクの高い買い物となった。言い換えれば、普通の男性が、専業主婦の妻にマイホームつきの生活を提供することが、非常に高リスクになった、とも言えよう。

ここにも、ハッピーリスクが潜んでいる。「普通の幸福」が、普通の人たちには贖《あがな》えなくなってきているからだ。

普通にしていても普通の幸せは手に入れられない、という意識が、どれほどニッポン女子をやさぐれさせ、無頼化させてきたか。

次章、女子界での諸現象を検証してみよう。

第二章

社会のゆがみとニッポン女子の「第二次無頼化」

昔から、ニッポン女子は無頼化していた

本書は、バブル期以降一般化した、ニッポン女子の無頼化について述べたものである。だが、余禄ながらつけ加えておくと、少なくともこの国の女性は、中古の時代からすでに無頼化の萌芽《ほうが》を見せていた。

無頼化、というのは多様な現象を内包する言葉である。そのひとつに、「文化的爛熟」も挙げられる。というのも、無頼化の基調が「正しさと望ましさの分裂」にあるとすれば、これは文化がある程度爛熟した社会で起こり得る現象だからである。言い換えれば、正義と美学の分裂が、無頼化に寄与する。

文学は、いや、あらゆる表現の領域は、このような土壌で豊穣に実る側面がある。日本文学史上、最初の小説が書かれた平安時代、日記文学や物語文学の担い手たちは、ニッポン女子の無頼化先頭旗手であった。彼女たちは宮廷付きの女官であり、知識と教養はふんだんにあるが、社会的役割は極めて限定されたものであった。もちろん、貴族階層であるから生活に不足があるわけではないが……。

この、優雅な飼い殺し感は、何となく現在の「語学スクール・ショッパーのパラサイト・シングルOL」や「カルチャースクール・フリークのセレブ妻」の心象風景と似ていなくも

の話だが。

ない。もちろん階層構成や、生活上要請される教養の重要度などの点は、強引に差っ引いて

時間と教養があり、社会活動が制限されていたら、人間、どうするか? ①身内の噂話（他人の話）で暇をつぶす。②趣味や表現行為（自分の話）で暇をつぶす。この二つが、主流になるのではないか? ましてや、古来から女子は、言葉を嗜癖《しへき》する種族である。

かくして生まれたのが、周知の通り黄金の女流文学の数々。ちょっと思い浮かべただけでも、「蜻蛉《かげろう》日記」「源氏物語」「枕草子」「和泉式部日記」「更科《さらしな》日記」……。すばらしい。彼女たちは、本当に、本当に教養があって、暇だったのである。

私は高校時代、「紫式部日記」を最初に読んだときの衝撃を忘れられない。小説の神様に対して、あまりにも恐れ多いのだが、第一印象を率直に述べると……「何、このやさぐれた人は!?」であった。そして、ごめんなさい。と、即座にワビを入れてしまいたくなるほど恐かった。

何が恐いと言って、その人間観察眼の恐ろしいほどの鋭さと、他人に対する流麗なこき下ろしっぷりが。人並みはずれた記憶力が。中心が見えない、ブラックホールのような練成されたレトリックが。静かに地獄の業火《ごうか》をながめているようなニヒリズムが。

その点、ライバルと目される清少納言には、まったく恐怖を感じなかった。むしろ、現在でも職場の同僚にいてくれたら大歓迎である。何せ①明るく、②仕事の出来る、③自慢屋の

お調子者、である。

こういう人は、おだてておけばどんどんいい仕事をしてくれるので、ありがたいことこの上ない。自慢屋なので、何を褒めてほしいのかは一目瞭然。お腹にものを溜めず、好き嫌いをズバズバ言ってくれるので、こちらも要らない腹の探り合いなどに余計な時間をかけずに済む。おまけに明るい性格なので、周囲の雰囲気がいつも華やかになる……。職場の同僚として、これほど便利な人はいないと思うが、どうだろうか。

一方、紫式部は、職場にいたら大変である。同僚に見立てたら、①優秀だがとっつきづらく、②社長（藤原道長）の愛人という噂すらある、③アルファブロガー、である。そしてそのブログには、冷徹な分析力を駆使し、同僚の悪口が実名で、微に入り細にうがって書いてあるのである。

ことに、自分の悪口を言った人間には、容赦がない。その口調は、要約すると、こうなる。「わたくしは○○さんにこんなことを言われたのだけれども、本当にそれは根も葉もないことで、どれほど根拠がないかというと、第一にこうこう、第二にこうこう、第三にこうこうこうこう、第四にこうこうこうこうこうという理由からなのですわ。ああ本当に、ひどく下劣でくだらない方もいたものですわ！」等々。これらの悪口が、あくまでもブリリアントかつ執拗に、長々と書き連《つら》ねられている。実際に会うと、口数も少なく、何を考えているのか分かりづらいにもかかわらず、である。

恐い……、恐いよう。同僚にいたら、私なら……できるだけ気配を消して、彼女の視界に入らないようにするだろうと思う。

よって、日本最古の小説家、紫式部には、日本最古の無頼化キングの称号を与えたいと思う。クイーンは、藤原道綱母《ふじわらみちつなのはは》、プリンセスは、和泉式部ということで、ひとつよろしく。いや、清少納言だって、八〇年代の林真理子的軽妙な無頼化の風情がある。この時代の女流作家は、ある意味みな無頼化していた。唯一無頼化の匂いがしないのは、菅原孝標女《すがわらたかすえのむすめ》くらいであろうか。文学少女上がりで、毒気のない常識人なので……。

ともあれ、キングの名を紫式部に冠したのは、その桁外れのニヒリズムのためである。執拗に他人の悪口や厭世《えんせい》観を書き連ねたあと、彼女はぽつんと言う。「出家したいと願っていますが、わたくしのような罪深い人間は、たとえ出家したところで救われはしないでしょう」と。

他人への鋭い観察眼は、つねに紫式部自身へも向かっていたことを示唆する言葉である。この深い内省の闇は、いったいどこから生まれたのか。

ともあれ、日本は、千年前から女性の無頼化現象が見られた稀有な国である。これは、言葉を駆使して作品をつくり上げることと関連している。

「書かれたもの」として世界をながめるとき、そこには再帰的な視点が必ずはらまれる。その行為が、おのずと女性の置かれた立ち位置を、女性の視点によって明らかにする。

中古の女流文学が誕生したとき、女子による女子の視覚化（そして無頼化）が、史上初めて登場したのである。だが、これは一部特権貴族階層の間のことにすぎなかった。では、この「気分」が、庶民にまで浸透した現代のニッポン女子はどうだろうか？

九〇年代、「第二次無頼化」は「病理」として現れた

前述したように、戦後女子界が、最初に無頼化の気運を一気に高めたのは、バブル期であった。

もちろん、それ以前も「孤高の」「自立した」「文化的規範の逸脱を厭《いと》わない」女性たちは点在していた。明治以降、近代化の波にさらされながら、厳然とした男尊女卑社会で、無頼化女子たちは戦ってきた。おおまかに有名どころを見ていくと、「青踏《せいとう》」に集った女性たちしかり、そのリーダー平塚らいてうと論争した与謝野晶子しかり、林芙美子しかり。

その後も、いわゆる「無頼派作家」に分類されていい、平林たい子のような作家もいれば、戦後の性愛文学の旗手、瀬戸内晴美（現・寂聴）に、孤高の才媛系無頼化道を歩んだ宇野千代もいる。林芙美子と宇野千代は、カフェーの女給もやったことがあるというあたり、無頼化女子として申し分ない。

だが、少々気になるのは……独断と偏見で言えば、八〇年代以降、無頼化女子は、いまひ

とつインパクトに欠けるように見える点である。おそらく、無頼化要素が目につく女性作家の大御所は、山田詠美あたりまでであろうか。当時、彼女が最後まで芥川賞を受賞させてもらえなかった点に、むしろ私は、正統派無頼化女子としての貫禄を感じる。

ただし、注意したいのは、「若い女性」が、「奔放な性」（というのも、もはやレトロな表現だが）を語れば、それがイコール無頼ではない点である。たとえば、七〇年代後半に、当時一〇代の中沢けいや、大学生だった見延《みのべ》典子のような作家が登場し、「若い女性作家が性描写を書いた」として喧伝されたが、これらも「無頼」と言うには温度差がある。

なぜか、と言えば……、第一に、七〇年代後半から八〇年代にかけ、「赤裸々で奔放な性を語る若い女性」が輩出したが、これらはオジサン（主流文化）に愛《め》でられて登場した部分も大きいからである（周知のように、この現象は何年かおきに登場しては、耳目を集めている）。

もちろん、女性表現者たちもしたたかに時代的諸条件を利用し、女子カルチャーの飛躍に貢献した。だが、無頼化の性格や度合いだけを考えると、やはり「主流文化による検定済み」の観は否めない。

第二に、この時期を境に一般女子の平均無頼化レベルが上がりすぎて、相対的に作家などの無頼化度合いが、それほど奇異なものに見えなくなった点もあげられる。

そう。バブル期以降、ニッポン女子の無頼化要素は、明らかにハイパーインフレを起こしてしまった。それだけならばよいが、その後次第に先鋭化し、悲劇的な様相すら呈してきてしまった。

バブル期、戦後ニッポン女子の無頼化は、「挑戦」として現れた、と書いた。だが、バブル崩壊後、九〇年代半ばを過ぎ、それは次第に「病理」として立ち現れてきた。私は、これを「第二次無頼化」と呼びたい。

なぜこのように、ニッポン女子の無頼化現象は、フォースの暗黒面に陥ってしまったのか。

それは、第一に経済状況の悪化のせいである。バブル景気のイケイケドンドン状態では、オジサンたちも、バブル女子の「主張」を受け入れる余裕があった。だが、不景気になれば、そうも言ってはいられない。そのため、今まで喧伝されてきた「女性の時代」って嘘じゃん！という感慨の女子が増加した。

第二に、不景気の一方で、八六年の男女雇用機会均等法施行以来、本格的に能力ある女子が、お飾りではない方面でも活躍する姿が目立つようになってきた。

人間、自分が圧倒的優位にあるとき、「シャレ」で目下の者を持ち上げることには、何の痛痒《つうよう》も感じない。だが、そのシャレが、シャレではなくなりつつあるとき、何が起きるのか？答え。目障りスイッチが、オンになります。

反動的、と言っていいかもしれないが、要するに、皮肉にもこの時期、能力ある女子が、苛酷な経済状況にもめげず、お飾りに甘んじない姿勢で活躍しはじめた。

それは第三に、バブル崩壊後、若年層を中心に雇用環境が悪化し、「男性も女性も、以前に比べればみな大変」になったからでもある。言い換えれば、男性の相対的地位低下が、皮肉にも後ろ向きな男女平等をもたらしたのだ。

九〇年代、女性はますます無頼化を厭《いと》わなくなり、男性は……ダメ化を公言してはばからなくなっていった。そういえば、「普通の人のように働けない」「異性と恋愛できない」などのダメ特性をカミングアウトする「だめ連」が誕生したのは、九二年である。

ダメを公言する男子が増加し、女子はサバイバルのためにますます無頼化した。

この時期は、社会で活躍する女性への反動的雰囲気と、バブル期に膨張した「女性性への女性たち自身のまなざし」が、ニッポン女子を二重に苛《さいな》んだ、とも言える。

思えば、バブル崩壊直前の九一年、女子たちの心をわしづかみにしたドラマに「東京ラブストーリー」がある。この作品は、女子の欲望が背負わされた不条理を明確に示していた。「性の主体性と経済の自立」を具現化したヒロイン、赤名リカは、結局家庭的な関口さとみに、恋愛市場で敗れ去ったからである。

当時この結末に、女子界ではヒステリックなまでのブーイングがあったが、多くの女子たちは、自らが現実にはさとみのように振る舞っていることに気づかなかった。このストーリーが、九〇年代前半に奨励された女子界の「表コード」に則っているとすれば、九〇年代後半、その矛盾や問題点は、「裏コード」に則って現れた。

具体例を検証したい。思うに、この時期の「病理としての無頼化女子」を象徴する最大の事件は、九七年に起きた「東電ＯＬ殺人事件」である。

東電ＯＬ殺人事件とニッポン女子「第二次無頼化」の病理

以下は、あまりにも有名なこの事件の概要である。

九七年三月、東京都渋谷区円山町のアパートの一室で、当時三九歳の東京電力社員の女性が殺害された。加害者として、ネパール人の男性が浮上したが、この被告は一貫して無罪を主張、二〇一二年一〇月、再審により無罪判決が出た。

これが、単なる会社員の殺人事件であったならば、世間はそれほど注目しなかっただろう。だが周知のように、事件は「エリートＯＬ」が「娼婦」稼業に手を染めて殺害された、という衝撃的なものであった。当時メディアがこぞって彼女のプライバシーや「心の闇」を報道したのを覚えている。

一見、極めて異様に見える彼女の行動は、この時期社会で働く女性の置かれた複雑な状況を、凝縮して示したものである。この国では、当時も今も、女性が男性並に働くことと、自らの女性性に誇りを持つことが、まだまだ両立困難である。彼女が一足飛びに売春に走ったのは、これまで抑圧されてきた自らの性的価値の取り戻しでもあったのだ。だから、彼女の「病理」は、この時期のニッポン女子無頼化現象を、ある意味先鋭化したものと言える。

私見では、事件当時から、被害者が「ＯＬ」と呼称されることに、違和感があった。というのも、殺されたときの被害者の役職は、「経済調査室副室長」であり、優れた経済学の論文も発表していた。※一

つまり、彼女は「専門職」であり、「管理職」でもあるのだ。だから、「東電社員」と呼ぶべきではあっても、「ＯＬ」は妥当ではない。前述した斎藤美奈子の定義でも、「専門職・管理職」ならば、百歩譲って「キャリア・ウーマン」ではないのか？

思うに、この国のメディアは、何らかの脆弱な属性（犯罪の被害者や加害者などは、その最たるものである）を抱えてしまった女を、より性的対象に「変換」しやすい名称で呼ぶ傾向がある。たとえば、殺人事件の被害者が、たいてい「美人」となるのは、その好例である。

「キャリア・ウーマン」とは、その女性の従事する仕事の専門性を強調し、持ち上げる尊称である。一方、「ＯＬ」は女性を「補助職的女性社員一般」として、ある種匿名化する言葉でもある。「自分の専門の仕事」をもたない、替えのきく存在を想起させるからだ。

断っておくが、私も一応ＯＬ経験のある人間であり、自分の就業経験や、同僚だった女性などについて述べる場合、そこに何ら侮蔑的な視点は入らない。

ただ、企業でとられてきたコース別就業による待遇の軽さや、その匿名性により、ＯＬの

※一　この事件の経緯や被害者のプロフィールなどについては、主として佐野眞一『東電ＯＬ殺人事件』（新潮社、二〇〇〇）を参考にしている。

呼称は、「専門職・管理職」に比較して、人々に一定の「見下し視線」を提起する呼び名であることは、指摘しておくべきと考える。

本書では、「通称」として浸透しているため、やむを得ず「東電ＯＬ」の名称を使用するが、今一度この点を強調しておきたい。なぜなら、被害者のキャリアなど何の意味もなさず、あっけなく「ＯＬ」（ときに「美人ＯＬ」）と呼ばれ、納得されてしまう事実それ自体が、彼女を殺したようにも思えるからである。

東電ＯＬと遅れてきた思春期

東電ＯＬ殺人事件の被害者は、公立中学から慶應女子高への受験組であった。彼女は、高校生当時、とてもふっくらしていた、という。

それが、慶應大学経済学部へ進学し、二〇歳を過ぎたころ、別人のように痩せてしまった。当時、敬愛する父親がガンで闘病、そして他界した心理的ショックが示唆されるが、この他、女子高から共学の環境へと移った点も影響してはいないだろうか。

そもそも、被害者は、自分の女性性を忌避《きひ》していた節がある。

たとえば、彼女は、拒食症であったことが示唆される。少なくとも、二度にわたる摂食障害による入院経験があったという。事件当時、身長一六九センチに対し体重四四キロと標準より明らかに痩せていたにもかかわらず、遺留品にはダイエット錠剤が残されていた。

中学まで、被害者は勉強のできるいい子だった。また、父親を敬愛している頭のいい女子生徒ならば、同級生の男子生徒などには、何の興味も抱かなかったことだろう。そのまま女子高に進学した彼女は、幸か不幸か、男子の視線を意識せずに、三年間のびのびと勉学に打ち込んだに違いない。

よく、女子校育ちの人と話をしていて、共学の大学に進学したときや、就職したときのカルチャーショックを耳にする。共通しているのは、「自然と振られる女性役割への違和感」である。

たとえば、男性と一緒に作業すると、あたりまえのように力仕事ではなく、細かい作業を割り振られる。しかも、周囲の共学上がりの女子たちは、嬉々としてやっている。その一方、何か重要なことがらの決定時になると、さっと女子は身を引いて男子に決めさせる。その「身体技法」が、女子校上がりの彼女たちには、最初のうちよく飲み込めず、混乱した、という。

このような意見は、私にも理解できる。私は、学校こそ公立の共学育ちだが、母方は旧家で、少なくとも五代前を遡《さかのぼ》るまで、本家筋には男性が生まれたことがないという「超女系一族」である。もちろん私も、母も、祖母まで、男の兄弟がまるきりいないので、血のつながった親戚は女性ばかり。従姉妹も女性ばかりだが、一人だけ男の子が生まれたときは、親戚中大騒ぎになった。

母が子どもの時には、父親（つまり私の祖父）が夭逝《ようせい》したうえ、お手伝いさんの女性たちや、子守のばあやさん、それに常に一人か二人女性の教員が下宿していたので、「一大女所帯」であったという。

そんな環境なので、力仕事も、電気配電盤関係も、すべて女性がやってしまう。もちろん、「普通」に主張もすれば判断もする。女ばかりの環境だと、女性は男らしく育ってしまうものなのである。

私は、母にも祖母にも、「女の子らしくしなさい」と言われたことは一度もない。ちなみに、母はソフトボールチームの鬼コーチだった。シートノックを受けて、ボールをとり損ねて肘を擦りむいたりしてべそをかいていると、「そんな怪我ほっといても治るけど、試合で取られた点は元にはもどらない！　さっさと立つッ！」などと怒鳴られたものである……。

だが、そんな男らしい母に育てられる一方、中学生くらいになると、周囲の女子たちは、次第に色気づいてくるのである。そして、色気づいた順に、なぜか成績が振るわなくなっていく。

私は、今では見る影もないが、当時は一応成績の良い子であった。そして、一部の口の悪い男子生徒には、「どうせおまえら主婦になるのに、勉強したって意味ねえじゃん」「ガリガリ勉強してんじゃねえよ」「俺ら、大学行って、就職して、家族食わせなくちゃならないんだから」等々、言われた思い出もある。

そして、これまた今では見る影もないが、当時私は真面目な女子中学生だったので、「こんなヤツらに食わせてもらう人生なんて冗談じゃないから、がんばって勉強して、就職しなくちゃ！」と思った記憶もある。それなのに、大人になって、こんなふざけた人間になるとは……。

もっとも、そんな無礼なことを言う男子は、それほど数がいたわけではない。今にして思うと、彼らは親御さんの言っていることを鸚鵡《おうむ》返しにしているだけの少年たちにすぎなかった。多くの男の子はそんなに口が回らないし、本当に頭のいい子は、他人にレベルの低い八つ当たりはしないものである。

だが、口に出して言われなくても、そういう「雰囲気」は伝わっていく。ふと見回すと、周囲の女の子たちは、学校の偏差値か、女子偏差値か、どちらを上げたほうが、より費用対効果の面でお得か、次第に計算しはじめるのである。

やがて、彼女たちは身体技法として、女子役割を身につけていく。前述したような「男子より一歩引く技術」は最たるものである。

この技法がナチュラルに身につくのは、まさに思春期、中学から高校の時期なのだ。この時期、この技法が「自然に」身につかなかった女性は、後から客観的に分析力をもって、女を「擬態」せざるを得ない部分がある。女子校出身者の多くが苦労するのは、この点かもしれない。

これを「苦痛」と思うか、「楽でお得」と思うかの違いは、その後の人生に大きく作用する。東電ＯＬ殺人事件の被害者が、二〇歳で少々遅めの摂食障害に罹患《りかん》したのは、彼女が明らかに前者だったからだと思われる。通常、この病気の患者が、最初に発症するのは、一〇代の思春期が一般的である。

瞼の母ならぬメディアの母

一般に、摂食障害は「成熟の拒否」であると言われる。とりわけ女性は「大人の女性」へと成長することへの拒絶が主要因だ、と。

だが、あえて問いたい。その「成熟」の中身とは何であろうか？「成熟」とは高度に文化的な概念である。何をもって「成熟」とみなすかは、当人が属す文化集団ごとに異なっている。ある文化圏では「大人の証」とみられる特徴も、別の文化圏では「子どもじみた振舞い」とみなされる可能性もある。

現在の日本の一〇代、二〇代の女の子たちに、はたして成熟し大人になった先の「モデル」がいるだろうか？

今日、メディアが日常に浸透した社会では、人はメディアに登場する人間（像）を、たやすく準拠集団として選びがちである。

はたして、彼女たちの母親であるところの、五〇代前後の女性は、「大人の女性」としてのモデルとなり得てきただろうか。

メディアに登場する「美しく、若々しく、社会的にも活躍する女性」像と、多くの現実の五〇代の母親たちとの間には、落差がある。かくして「瞼《まぶた》の母」ならぬ、「メディアの母」が、若い女性の理想像となる。

今なら、「望ましい大人の女性」のイメージモデルは、黒木瞳あたりだろうか。あんな素敵な女性は、普通に考えれば、そのへんにごろごろいるはずがないのだが。悲しいかな、毎日毎日、大量の「美しい理想的な女性像」が、テレビや雑誌、ネットの表面に映し出されているため、情報社会では、「基準以上の美貌をながめるのが日常」である。言い換えれば、異常が日常、日常が異常なのである。いきおい、自分をながめる視線は厳しくなっていく。拒食とは、現実の母や自身の肉（そしてその重さ）の呪縛を放たれ、テレビモニタの向こう側の「メディア界」へ行こうとする儀式かもしれない。

メディア界に、重さはない。どこまで痩せても、「ゼロ」にはなれない身体を持つ私たちは、永久にそこにはたどりつけない。そこにあるのは、現実的自己と理想的自己の永遠の分裂という、ショーペンハウエルのような絶望である。かくして、ダイエットは、「浄化」「救済」の意味合いも帯びてくる。

女子界では定期的に「デトックス」など「毒素の排泄」を謳う美容法が流行るが、これも潜在的には、この浄化欲求であろうか……。

さまざまなダイエット法が流行っては廃れていくが、提唱者が「教祖化」するのは、今日《こんにち》ダイエットが「信仰」の域に達しているからである。

売春と性的価値の確認

話を東電ＯＬ殺人事件に戻そう。被害者は、一九五七年生まれ。八〇年に、亡父の勤務していた東京電力に入社。男女雇用機会均等法施行より六年も前のことである。同年、東電に採用された大卒・院修了者は、男性が事務系で七八名、技術系一〇四名。一方、女性は全員事務系でたった九名だった。

そして事件当時、女性で管理職のポストにあったのは、被害者のみ。より正確に言えば、他の女子社員は、みな彼女が管理職に就く前に退職している。同期の男性社員は、多くの管理職を輩出しているにもかかわらず、である。

被害者は、八八年、とある研究所に派遣（出向）命令を受けた。ここの研究所への出向は、いわゆるエリートコースから外れた感が否めなかった、という。また、通常二年の出向のところ、彼女は三年間の出向であった。

背後には、コミュニケーション能力が低く、扱いづらい被害者の性格が災いしたことが示唆される。実際、被害者を知る人は、「真面目」だが「とっつきづらい」女性だったと評している。ブラウスのボタンを一番上まできちんと留め、隙のない雰囲気だったとされる。いずれも、女子偏差値の重要項目「可愛げ」とは正反対の特性である。

出向と同時期、彼女は再び拒食症で入院する。その翌年からクラブ（実際には風俗店）でホステスを始めた、との記録がある。その後、ホテトル嬢から円山町での「立ちんぼ」になり、殺害されるにいたる。多くの人は、これを「エリートOLの転落」とみる。だが、私にはそんな単純な話には思えない。

極論すれば、被害者は、生きたかったのである。

拒食によって自身の生が消滅する間際になり、反作用のように湧き上がってきたのが、性衝動と、自分の性的価値を客観的に把握したいという欲望だったのではないのか。

社会的成功（出世）の望みも閉ざされ、恋愛や結婚という「普通の女性の上がり」など、思いもよらない彼女には、この世に生き残るための強力な縁《よすが》が必要だったのだろう。

通常、この性衝動と自分の性的価値の把握という欲望は、思春期からの葛藤の最中、徐々に現実と折り合いをつけていくものである。だが、彼女はこれまで、通常の意味で男性と親密なパートナーシップを持った形跡がない。それが三二歳の時点で、これまでの女性性の抑圧とともに、一気に噴き上げてきたのではないか。

信仰としての数字

この「女性としての価値の確認」は、被害者のエコノミストとしての数値化へのこだわりと、奇妙な連関を持つ。

たとえば、被害者は一日何人のお客を取るという「ノルマ」を自分に課していたとされる。また、空のビール瓶を拾い集め小銭と交換し、さらにその小銭を、たとえば一〇円を百円に、百円を千円札に、さらには一万円札に、といった形で「逆両替」していた、ともいう。この中には、売春で得た千円札も、混じっていたかもしれない。

大きく「変換」されていく貨幣は、それだけ彼女の「価値」を高めていく。数値化と性衝動の昇華。それを証明するのに、貨幣の数ほど相応《ふさわ》しいものはない。かくして、娼婦への転落、と他人がみなすものは、彼女にとって、自分の価値の取り戻しへと「変換」されていく。

一方、ダイエットも身体の数値化と関連する。

体重は、摂取した食べ物の総カロリーに比例して上下する。数グラムでも減れば「成功」であり、それは非常に分かりやすい「成果」でもある。行きつけのコンビニで、おでんのコンニャク、シラタキばかり買っていたという彼女の頭には、カロリー表が叩き込まれていたことだろう。これらは、すべて「カロリー0」の食品である。

体重を一グラムでも落とし、一円でも多く売春で稼ぐ、この分かりやすい数値化は、彼女にどれほどの快感をもたらしたのか。

事件当時、彼女の年収は一千万円近くあったと推測される。もちろん、生活上、売春などする必要はなかっただろう。だが、この給与所得と、売春によって得た「女性としての価値への対価」は、また別物だったに違いない。それは、表向き「能力」によって採用したはずの企業が、女性的価値（＝女子偏差値）の低さから彼女を冷遇したことに対する、壮絶な復讐劇でもあったはずだ。

雇用機会均等法施行以前から、東京電力には、いわゆる女子社員の一般職／総合職の線引きはなかった、という。だが、実質的には「お茶汲み」「湯飲み洗い」などは女子社員の仕事であり、被害者は給湯室でよく茶碗を割っていた、という。

彼女は、湯飲みをいくつもいっぺんに洗い物用のかごに入れ、乱雑にゆすって洗っていたらしい。このため、茶碗は飛び出して割れることも珍しくなかった。これが、「効率性」を重視した結果か、あるいはこのような業務外の仕事をさせられることへの不満の表明なのかは不明である。

ただ、思うに彼女は、女性一般に求められる家事能力や手先の器用さの点において、他の女性より劣っていたであろうことは想像に難くない。

感情労働と理性神の羽ばたき

女子社員のお茶汲み慣行は、日本の企業における典型的な「感情労働」である。

A・ホックシールドは、「かつて労働者は、工場労働などの場で肉体を酷使されるものであったが、サービス産業の隆盛などにより、心を酷使されるようになった」点を主張する。そして、この心を酷使する労働を「感情労働」と呼んだ。いわゆる、「心からの笑顔」「真心の奉仕」といったものが求められる接客業は、典型的な感情労働である。

さらに、ホックシールドは、同じ職場であっても、男性以上に女性が、感情労働の役割を担わされていることも指摘した。日本企業の「職場の潤滑油」として、女子社員が担わされている役割（笑顔や物腰柔らかい対応、お茶汲みなど）は、まさにこれである。

けれども、これは合理主義者の女性には、とても不条理に映る。

どうして、業務規定以外の、給与価値に直接的に換算されないような「笑顔」や「お茶汲み」が、求められなければならないのか？

東電ＯＬ殺人事件の被害者は、そんな風に考えたに違いない。

それにしても、社会的地位の側面をみれば、たしかに被害者は「図抜けた秀才」で「エリート」という雲の上の人である。だが、女子偏差値の側面から見れば、「不器用」「とっつきづらい」「可愛げがない」と、私には正直とても他人とは思えない。

これらは、確実に女子偏差値と、オジサンたちの評価を押し下げる。さぞかし、苦労したに違いない。同情を禁じえない、というのが個人的な感想である。

おそらく彼女には、いや、オジサンから「理屈っぽく可愛げがない」と思われる女子はみな、脳内に「理性神」が住んでいるのである。

私の場合、この神はあまりたいしたことがないため、身長七〇センチほどのキューピー人形のような姿をしている。そして、背中に生えたちっこい羽根をはためかせ、何か非合理的なことを目撃するたびにラッパを吹き鳴らし、ツッコミを入れてくる。私の人生が暗夜行路な原因の一端は、この神のせいかもしれない……。

たとえば、昔会社に勤めていたとき、上司は言葉ではなく、「あ」とか「ん」とかいった「口の中でつぶやく音」で指示をする人だった。部下は、その音加減で、誰が何を指示されたのか察知せねばならない。しかも、上司は、その「指示」を、部下が的確に「解析」しないと、怒鳴り散らすという人であった。

このため、職場はつねにイライラ感で満たされ、作業効率も雰囲気も、ひどく悪かった。

そんなとき、私の脳内では理性神が、ぱたぱた羽ばたきながらラッパを吹いた。

「そんな指示じゃ誰も分からないよー♪　いい加減、ちゃんと言ってくれないと、作業効率も悪いままだよー♪」と。

私はその神託を上司に告げ、そして上司に嫌われ、何だかんだで会社を辞めた。

だが、東電ＯＬ殺人事件の被害者の場合、その「理性神」は、もっと神々しい姿をしていたであろう。おそらくそれは、大きな翼におごそかな衣装、燦然と光り輝く輪を頭上にきらめかせ、その顔は……。

亡くなった父親の顔をしていたに違いない。

東大工学部出身の秀才で、理系の頭脳を持つ亡父は、合理的に考え、判断する能力に長けた「理性的な娘」を誇りにし、可愛がったことだろう。そして合理的に計算し答えれば答えるほど、「正しい」評価を与えてくれる父に、被害者は全幅の信頼を置いただろう。

だが、社会は女性の「合理的判断」や「正しさ」を、驚くほど受けつけない側面がある。ましてや、彼女が就職した八〇年は、まだまだ総合職的スタンスの女性は、会社の中で異質な存在であった。

この落差が、彼女を追い込んだのではないだろうか。

正しい判断や行動が、正当な報酬をもたらしてくれない。正しさの神は、私を見捨てた、と。人は、神に祈って聞き届けられなければ、悪魔に対してすら祈る生き物である。地獄の祭壇に捧げられたのは……彼女自身の生命であった。その姿勢は、社会における女性の病理を凝縮したものであった。だから当時、多くの女性がこんな感想を抱いたのである。

「東電ＯＬは、私だ」と。

その後ゼロ年代に入り、女子の無頼化現象にも再び変化が現れた。ひとことで言えば、社会の病理を引き受けるのはまっぴら、という基調がそれである。時代は、個人の人生に対し、より苛烈に牙を剥くようになった。そうした中、サバイバルへの関心が、高まりを見せるようになっていった。

女子界も、当然その影響を受け、多様な様相を呈してくる。

第三章

女のパロディとしての「第三次無頼化」

「いざなぎ越え」期、女子カルチャーに異変が起こった

ゼロ年代には、女子界に新たな無頼化の波が訪れた。これを私は、「ニッポン女子の第三次無頼化」と呼びたい。それは、ひとことで言えば、「自虐」と「諧謔」の高等テクニックを駆使した、「女性性のパロディ化」を基調とする。

この傾向が最初に登場したのはバブル期であったが、当時のバブル期女子は、ひたすら強気っ娘《こ》。ファッションも主張も、総ポジティブ構えであった。

だが、このあり方は、やがて壁にぶつかることとなる。

まず第一に、バブル崩壊以降の低成長のため、時代の雰囲気が一気にダウナーとなってしまった（一人で「イケイケ」は、かなりつらいものがある……）。

第二に、紆余曲折を経ながらも、女子の社会的地位が向上してきた。第二章で述べたように、このことは、バブル崩壊以降、若年層を中心に男性の雇用環境が悪化し、相対的に女性の地位が向上したことも一因である。

要約すると、アッパー層のニッポン女子は、「負けるもんか！」と無理に気負う必要がなくなったのである。そんなことを言わなくても楽に勝てるくらい、女子たちの一部は、本当に力をつけたのである。

つづくゼロ年代前半から半ば過ぎまでの雰囲気は、〇二年二月から開始された景気回復（いわゆる「いざなぎ越え」）の影響も大きかったと思われる。

だが、この時期の「景気回復」は、いびつな様相を呈していた。

大企業の売上高経常利益率はバブル景気を上回っていたが、中小企業のそれは、バブル期とはほど遠かった。しかも被雇用者世帯の実質収入はむしろ減額になり、家計消費も冷え込んでいた。

輸出産業の伸びに支えられた大企業の高利益率は、被雇用者のリストラや非正規雇用への転換による非典型労働の拡大、さらには下請け、孫請け企業の「買い叩き」など、被雇用者間、および企業間の格差拡大を前提にしていた。

また、地域間格差に目を向ければ、大都市圏よりも相対的に中小企業の多い地方ではおのずと景気は悪化した。これは、地方分権一括法以降進んできた税収格差と相まって、地方財政を圧迫、都市部と地方との格差も拡大していった。

もちろん、大学新卒者の採用などについては、「いざなぎ越え」の間、私のようなロスジェネの就職氷河期世代に比べ、よほど恵まれているように見えた。だが、この「実感なき景気回復」も、〇八年のリーマンショックで、あえなく終了した。

余談になるが、大学で教え子たちの「就活」話を聞くと、「少し上の先輩たちが、あんなに楽に内定をもらえていたのに」「たった一年でこの差は納得できない」「どうしてこんなについていないんだろう」と、まるで私たちバブル崩壊直後の就職氷河期一期生そっくりである……。

雰囲気格差が女子に与えたもの

話を元に戻して、「いざなぎ越え」期が女子界に与えたインパクトとは何か。

この時期、小泉改革路線とあいまって、「目端のきく人間は成功」し、そうでない人間はそれなり……どころか、ひたすらジリ貧になってしかるべき、という雰囲気が充満していた。勝者は明るく、敗者はルサンチマン爆発、の「雰囲気格差」も激しくなったのである。このあたりが、誰もが何となく明るかった八〇年代とも、誰もが何となくうつむいていた九〇年代とも異なっている。

ともあれ、確実に明らかになったのは、これまで日本社会の「多数派」として、ゆるぎない地位を獲得していた中間層が、所得やライフスタイル、それに意識のうえでも、確実に解体していったということである。

とりわけ、新たな「層」として登場してきた、「勝ち組独身女性」への反発は大きかった。背後には、勝ち組独身女性マーケットが拡大してきた点も指摘できる。力をつけ、「お客さん」として歓迎され、メディアに喧伝されることが増えると、それだけ嫉妬も煽られる。

そもそも日本社会は、これほどまでに三〇代以上の独身女性が闊歩する事態に慣れていない。だから、いわれのない偏見も非難も多いのである。

また、実態はとっくに解体されている「正しい家族像」への固執も強い。本格的な少子化に対する危機感も煽られてきた。

本来、結婚や家族関連行動は、男女両性の問題である。結婚したいのにできない人や、産みたいのに産めない人が増えたならば、それらは日本社会全体の構造的問題として考えるべきである。

だが、不思議とこの問題は、女性、とりわけ独身女性へのピンポイントな非難として現れることが多い。これは、大変に不条理で不公平な事態である。

こうした不条理・不公正を「正論」で批判しても、もはや「正しさ」はあまり効力をもたない。今の日本では、「正しさ」の主張は、ご説ごもっとも、と拝聴されても、砂に水をまくように言葉が通過するばかりで、多くの人の血肉にはならないのである。

優秀な勝ち組女子は、どうやってこれらをかわしてきたのか？

端的にその方法論を示したのは、酒井順子の『負け犬の遠吠え』（講談社、二〇〇三）であった。

「負け犬の遠吠え」——サバイバルとしての自虐

『負け犬の遠吠え』は、周知のように、働く三〇代以上の独身女性の自虐戦略を軽妙に描いた、「当事者本」である。

今でこそ、恋愛や結婚、および家族関連行動に関しては、草食系を筆頭とする「男子問題」が浮上してきたが、この本が書かれたゼロ年代前半期、まだまだこの問題に関する女子への風当たりは一方的で、強烈だったのだ。

だから、女子は幾重にも武装する必要があった。そして、武装を軽やかに糊塗《こと》する戦略も必要だったのである。

酒井は「負け犬」を、狭義には「未婚、子ナシ、三〇代以上の女性」と定義するが、広義では離婚経験のある独身者やシングルマザーも含めた「普通の家庭というものを築いていない人」すべてを「負け犬」と定義する。

つまり負け犬とは、もともと広い意味では「規格外のライフコースを歩んでいる女性全般」ということで、まさに「規範逸脱者＝無頼化女子」のことだった。したがって、この本によって、ニッポン女子「第三次無頼化」ののろしがあがったと言える。

さて、ベストセラーの特徴として、①読んでいない人も知っている、がゆえに②内容が単純化されて流布する、点があげられる。

そして、この本のタイトル「負け犬＝独身の三〇代以上の女性」像もまた、ベストセラーの宿命か、大手を振って一人歩きした。結果、広義の使用法――女子の無頼化要素――は、きれいに忘れられてしまった。それどころか、下の世代に「ああなったら、人生おしまい！」的恐怖心を植えつけ、あろうことか、保守化にも寄与してしまった……。

本来、無頼化女子の心意気を感じさせる当事者本だったのに、なぜ⁉ この点は、のちほど詳細に述べる。

著者の酒井は、六六年生まれのバブル世代かつ男女雇用機会均等法第一世代。まさに、第一次無頼化の波の上を、華麗に乗ってきた書き手でもある。

一般に日本の文化社会規範は、規格外の人生を歩む女性に対して苛酷である。だから、バッシングをどのようにかわしてサバイバルするかが、働く独身女性にとっては大きな課題となる。

サバイバルのための自虐（＝パロディ化）戦略を、酒井は負けた犬のように「お腹を見せる」と表現する。

しかし、このような自虐姿勢を見せられる女性は、余裕のある層とも言える。実際、この本に登場する働くおねえさまたちは、学歴も高く、やりがいのある仕事を任された「勝ち組」なのである。

この国では、「女性の勝ち組」が「負け犬」になりやすい。

これは、女性が、結婚相手として「学歴」や「所得」などが、自分より「上」の相手を選びたがるという上方婚志向だからである。

いいや、女性の側だけではない。男性のほうも、学歴、所得はもとより、自分よりも「年齢」「経験値」等すべてが「下」の、下方婚志向がある。結果、努力して学歴や職歴、収入などの「高」要素を集めたうえ、年齢も「高」になった女性は、結婚市場で敬遠されがちになってしまう……。

書いていて、せつない事実である。人間にとって、これまでの努力を否定されるほど悲しいことはないからだ。

結婚という踏み絵

実は、いまだに心は負け犬の私である。大学院を出て、嫁入り道具にはかさばる学位付になり、世間にツッコミを入れる評論を書いている段階で、負け犬属性決定である。

たまたま、奇特でもの好きな相手に恵まれたため結婚して、子どもまで産んでしまったが、優雅なマダムのみなさんが書いたものよりも、負け犬のおねえさまたちが書いたもののほうに、シンパシーを感じることが多い。だから、負け犬が揶揄《やゆ》されているのを目にすると、とっさにムカついてしまう。

——結婚も出産も個人の自由でしょうが！　バーロバーロォッ！

——男ウケを狙う人生のほうが、一生懸命勉強や仕事に努力する人生より上等だってのかい！　バーロバーロォッ！

……と、脳内負け犬姐さんが吠えるのである。そして、吠え疲れると、頬杖をついてつぶやくのである。

「自分を偽って『お嫁さん仕様』に偽装してまで結婚したがるのって、ものすごくあさましくて、恥ずかしくない？」と。

酒井は、この発想の根源にあるものを「含羞《がんしゅう》」と呼ぶ。いわく、「負け犬からすると、勝ち犬というのは人生のある時点で一回、結婚という目標を達成するために、恥を捨てた人に見えるのです」（二四頁）と。

たとえば、「妊娠したかもしれない」「料理が得意なの」等の嘘をつく、泣き落としや一オクターブ高い声で話す、一人では生きていけないフリをする……。

これらの行為を、酒井は「踏み絵」と呼ぶ。この踏み絵を踏む儀式《イニシエーション》が恥ずかしくてできないからこそ、負け犬は負け犬であり続けるのだ、と。

ところで、女子がこうした「結婚狙い」行為を積極的に行うようになったのは、おそらく恋愛結婚が増加しだした六〇年代半ば過ぎであろう。それまではお見合い結婚が主流。ということは、手練手管《てれんてくだ》を使って、男性にプロポーズさせる必要は、さほどなかったものと思われる。

プロポーズは、「絶対に」男性からしてもらわねばならない。

思うに、この強固な命題もまた、女子を苦しくしている。

先人いわく、「馬を水辺に連れて行くことはできても、水を飲ませることはできない」。一生懸命「プロポーズしてして光線」を放っても、相手がその気にならなければ意味はないのだから……。

さらに近年、この光線を放っても、受容体がないためこれを感知しない男子が大量に登場した。いわゆる「草食系男子」は、その一端である。

望ましさの分裂と負け犬現象

六〇年代後半は、女性の主体性が称揚されはじめた時期でもある。けれども、現実の社会的活躍の場は乏しかった。女性が意思決定力を行使できる最大の場は、恋愛市場くらいだったのである。

この傾向は、女性の社会進出が本格化する八〇年代後半まであまり変わらなかった。だから、それまで栓をされていた「女子の主張」が、バブルシャンパンの泡しぶきとともにほとばしったのが、第一次無頼化現象だった。

抑圧への反動は、人を過激にする。酒井に代表されるバブル世代アッパー層（＝第一次無頼化を経験した世代）は、男にコビコビして「家庭に収まる」なんて、考えられなかったことだろう。

たしかに、バブル世代が活躍した八〇年代後半から九〇年代初頭。今ほど少子化は深刻ではなく、そして女性の自由を奨励する風潮は、今よりずっと強かった。

社会的には「カッコいい仕事をもち、自立して活躍すべし」、文化的には「自由に恋愛を謳歌する恋愛体質たるべし」が大いに称揚された。

だが、その実、社会のホンネの部分――女は結婚して子どもを産んで一人前――は、驚くほど強固に存続していた。言うまでもなく、「仕事で自立」「恋愛体質」は、いずれも「結婚」「子ども」とは、水と油の関係だった。

社会のホンネとタテマエの落差。これには、女子の人生のほうが翻弄されやすい。というのも、男子の人生は、シンプルにタテマエがそのまま適用されやすいからだ。そもそも、タテマエとは男子仕様にできているのである。女子がそのまま適用しようとすれば、矛盾にぶちあたるのは必定《ひつじょう》である。

通常、「社会より家庭に所属すべし」が、世間一般の女性に対する暗黙の要請（＝ホンネ）である。言い換えれば、社会（公的領域や市場など）よりも、家庭（私的領域）に存在意義を見いだすよう期待されるということである。これは、タテマエ上喧伝される「女性の自立」「社会進出」

とは、二枚舌の構造を持っている。

負け犬は、酒井が指摘するように「純粋」なのである。だから、タテマエのメッセージを純粋に受け取りがちなのだ。これに対し、勝ち犬は、社会のホンネをしっかり嗅ぎ分ける。「そうは言っても、結局、結婚して子どもを産むのが一番よね。どうせ結婚するなら、若いうちに、条件のいい人をつかまえよう」と。この姿勢を、負け犬は「不純」と嫌うのだろう。

だが、その「純粋」の中身も、検討が必要である。このロールモデルはどこからきたのか……？　考えたら、「仕事で稼ぐ」も、「魅力的な異性と自由に恋愛を楽しむ」も、もとは魅力的な男性像の構成要素である。

何のことはない、「自立」「恋愛体質」は、カッコいい男のあり方を、女子界が輸入したものにすぎなかった。だから、酒井が前提とする「勝ち組負け犬」の世界観は、根本的にマッチョで男っぽいのである。

それゆえ、勝ち組負け犬は、「女子役割」を演じることが気恥ずかしい。それは、男性が女装するに近しい気恥ずかしさなのである。それにもかかわらず、女性だから女子役割が「自然」にできて当然、という前提が、勝ち組負け犬を追い込むのである。

だが、マッチョな勝ち組負け犬のおねえさまたちは、次の矛盾を抱えている。それは、①経験値・学歴・所得等、もろもろ高めなご自身よりさらに上の男性を好むので、努力すればするほど該当する相手の数が減少する、②社会的にはバリバリ活躍し自分のことは自分で決定することを望むが、恋愛・結婚の最終局面は男性にリードしてもらいたいという願望が拭い去れない、の二点である。

社会的な平等（男性並の地位や収入）は大いに結構。でも、恋愛関係は不平等を望む（男性にリードしてもらわなくちゃ嫌）というのは、矛盾ではないのか。

しかし、女子の脳内に矛盾はない。これは「正しさ」ではなく「望ましさ＝美学」の問題に属すためである。正しさ同士は衝突するが、望ましさ同士は「あれもこれもスキ」で問題なし。

ついでに言えば、人間にとって、不快な点を改善するよりは、長年身になじんだ望ましさを捨てることのほうが、よほど難しい。だからこそ、この問題はやっかいなのだ。

カップル文化不在の国ニッポンと負け犬

負け犬の矛盾は、「日本におけるカップル文化の不在」と直結する。酒井も、異性よりも同性同士楽しく群れる文化的土壌が、負け犬量産の背景にある点を指摘する。

そもそも儒教文化圏であったこの国は、結婚とは家父長制のもとで、女性が他家の一員に加わるという意味合いが強かった。そこに、男女の主体的コミュニケーションは不要である。

戦後の日本国憲法では、両性の合意に基づく結婚が明記されたが、文化的気風はそうそう変わらない。公式な場ではカップルが基本単位という「スタイル」が、いまだ根づいていないのである。

しかし、女子界では、カップルになって男性がリードしてくれてしかるべきという物語が、すでに普及済みである。これにスマートに応えられ、勝ち組負け犬よりも収入や経験値が高い男性は、希少種となる。

思うに、女子が好む「プリンセス・エスコート・ストーリー」（素敵な王子様がお姫様を救い出してくれるお話）の原型は、たいてい西欧輸入品である。幼少期に読む「シンデレラ」「白雪姫」「眠り姫」などは、その典型と言える。

ちなみに、和風プリンセス・ストーリーの最高峰、「竹取物語」のかぐや姫は、群がる求婚者を無理難題で蹴散らし、最終的に現世の両親である老夫婦も捨て、あっさり月（理想郷の象徴）へ帰ってしまうというのも、示唆に富んでいる。まるで、結婚も親もうち捨てて、趣味や仕事や海外留学に没頭する負け犬の姿である。

もっとも、女子がそんなお姫さま物語にため息をついている間、男子は「戦隊」だの「昆虫」だの「ガンダム」だのに夢中である。幼少期から、この落差……。

ともあれ、カップル文化不在の日本では、恋愛・結婚に関し、文化的つぎはぎが目立つ。結婚式では、たいてい「新郎新婦にわかクリスチャン化」し、教会のセットで外人神父に誓約式を執り行ってもらう。たまに、あまりにも精巧な造りの〝教会〟を見て、敬虔なクリスチャンの外国人旅行客が、うっかり祈ろうとして追い出されることもあるという……。式場のパンフレットのモデルに白人比率が高いのも、この「つぎはぎ文化」を、矛盾なく見せるためである。

今日結婚式とは、新郎新婦が一日だけ西欧人（しかも、日本人が考えるヴァーチャルな）にコスプレする儀式である。見事なまでに一日限りの真似事で、宗教的な根を欠くが、そうまでしなければ、結婚式の「両性の合意」が信憑性をもたないのだろう。それほどまでに、日本のカップル文化は不在なのだ。

だが、それで今まで問題はなかった。だいたい、周囲を見回せば、一目瞭然。居酒屋に入れば、男性サラリーマン同士楽しく飲んで話しているし、平日のホテルのランチや観光地は、楽しくおしゃべりするマダム友でいっぱいである。

同性同士のほうが、気楽で楽しい。社会も、カップル単位を強制しない。全方位、丸く収まりませんか？

収まりません。でっぱってますね。このでっぱりはなんでしょうか……？

それは！　行き場のないニッポン女子の欲望ではないでしょうか!?

勝ち犬と負け犬の壁

儒教国で農業国であった日本では、カップル単位よりも集団で農作業などを行い、家同士が決めた相手と結婚。これでやってきたのだが、戦後に文化的刷新があった。第一章で述べた、「アメリカ型ライフスタイルの奨励」である。

繰り返し述べるが、高度成長期とは、ニッポンアメリカ化計画全面推奨期でもあったのだ。それが、アメリカ型マイホームを母体とする、核家族型ライフスタイルへの憧れに直結していた。当然、ことあるごとにキスしてハグしてエスコートしてくれる、パートナーへの憧れも高まる。

一方、大多数のニッポン男子は、そもそも女子をスマートにエスコートなどできないし、する気もないし、その必要もないし、第一そんな社会環境も整ってはいないのである。だが、女子、とりわけ現実より理想が大好きな負け犬は、納得がいかない。

長年刷り込まれてきた「幸福な恋愛＋幸福な結婚像」は、パートナーのエスコートと経済的・感情的な庇護が必要不可欠、なのだから。この国の負け犬量産体制には、男女間の意識格差も影響している。ちなみに勝ち犬は、ニッポン男子のエスコート能力欠乏という現実に早くから妥協し、シビアに対処してきた比率が高いものと思われる……。

戦後、先進国の家族の三大変化には、「非婚化・晩婚化」「離婚率上昇」「婚外子出生率上昇」があげられる。日本の場合、前二者は当てはまるが、驚くほど「婚外子出生率」は上昇しない。戦後すぐの時期をのぞいて、ほぼ一％台で推移し、近年二％になったが、その程度。一方、北欧諸国や近年出生率が回復したフランスなどでは、すでに婚外子出生率が過半数を占めている。

先進国での婚外子出生率の高さは、個人（とりわけ女性一人）単位での次世代再生産が可能な、成熟した社会であるかどうかの目安となる。この国の二％の婚外子出生率が示すものは、「婚姻制度外の子ども」への風当たりの強さであり、「普通の家庭」圧力の強さを示している。勝ち犬は、この「普通」の壁の中にすっぽり納まっているので、問題が見えない。しかし負け犬にとって、この壁は絶大にして強大なのである。この意識格差はすさまじい。

酒井は言う。（勝ち犬と負け犬は）「本当は仲が悪いわけではなく、単に共通言語を持たないので噛《か》み合わないだけなのですが、その『何だかすれ違ってしまう感じ』も、それぞれが生産しているものが異なるところに、原因があるのでしょう」と（二一頁）。

生産しているものとは、すなわち、勝ち犬が「子ども」、負け犬が「お金」。子どもをつくるのは「偉い」こと、お金をたくさん稼ぐのは「すごい」ことであると酒井は述べる。言い換えれば、「無償の尊さ」と、「社会的な成功」の違いである。

このお互いのすれ違い具合を、酒井はさらに述べる。「同じメスでも違う土俵にいるため、相撲を取ろうにも本当は相手が見えていないのです」(同)と。なるほど。

ここにつけ加えたい。果たして、女子たちは自分で好き好んで違う土俵に上がったのだろうか。どうして女子たちは、負け犬と勝ち犬という二大勢力に分裂し、かつ通常そのすれ違い具合すら見えないのだろうか?

何か、意図的なものを感じるのは、私だけであろうか。たとえば、第一章で述べたように、男女雇用機会均等法が施行された八六年、年金制度の改変により、近年評判のよろしくない「第三号被保険者」制度が導入された。

同じ年に、女子の「所属階級」を、はっきりと二分する制度がつくられたのは、いったい、なぜ?

負け犬タイプが子どもを持ったら

私は負け犬と勝ち犬の両方の気持ちが分かりつつ、どちらにも属せないコウモリのような者と、自分を認識している。

そして、どうも私の任務は、「負け犬気質の者が子どもを持ったら、どんな感慨を覚えるのか検証せよ」と負け犬界から派遣され、視察し報告することのようにも思えるのだ。というわけで、本来負け犬タイプの者が、幼児を育てながら仕事をしていると、どんなことが起きるのか。簡単に報告したい。

まず、小さい子どもというのは、待ったなし！　の欲望の塊である。理性も相手の都合もおかまいなし、飽くなき要求の権化と言える。甘えたいときの子どもは猛獣のようで、かまってもらえないと、世界が終わってしまうかのように泣く。

いや、要求だけならまだいいが、いきなり体調を崩すことも珍しくない。そのたびに、親は仕事の予定の変更を余儀なくされる。

非効率で不合理で、計算も予測も不可能。グローバル化と新自由主義旋風が吹き荒れてきた現在の日本社会とは相容《あいい》れないのが、子どもという存在である。

それでも、仕事はしなければならないし、子どもも育てなければならない。両方大事で、両方かけがえがないからだ。

よく、「子育てほど大切な仕事はないのだから、少しくらい仕事をセーブすべき」云々と言われるが、それは職場や家族などの諸条件が整った人にしか通用しない説教である。とりわけ男性は、「イクメン」礼賛の気運ほどに現実の職場環境に変化はなく、育休を極めて取りづらいため、いきおい育児の主たる責任者は、実質母親となる。

子育て中の母親の場合、たとえ産休・育休取得によって露骨にクビにされることはなくても、職場べったりの働き方はできなくなるため、職場での評価は下がりやすい。また、可能な限り両立をがんばっても、周囲から勝手に「一線を退いた人」のレッテルも貼られやすい。

仕事に全力を投入してきた者に、これがいかにじれったくも歯がゆいか。負け犬気質仕事好きの女子は、まさに安野モヨコの『働きマン』なのである。「仕事したなーって思って死にたい」とあっさり言うような者は、生物学上のオスメスを問わず、みな「働きマン」。そんな人間が、仕事をセーブせねばならない心労をご想像いただきたい。

実際のところ、本格的に子どもに手がかかるのは、出産直後から就学までのせいぜい数年である。だから、その間休むか仕事量をセーブして、またバリバリ復帰できる社会ならばよいのだが……そうは問屋が卸さない。

公務員や教員、および高度な技能を要する特殊専門職をのぞき、多くの会社では、いったん出世コースを外れると復帰は容易でない。出産・子育てと第一線の仕事を両立できる職場は、まだまだ乏しいのだ。

だがキャリア女性は、今の仕事と職場の地位を獲得するために、それまでのほとんど全人生をコストにしているのである。にもかかわらず、それらがあっさり帳消しにされるのが「母親」という属性である。

なぜか。それは、この国では、「母親＝専業主婦」の前提が、まだまだ根強いからである。

今さらそんな、時代遅れな！　そう思った方、あなたは正しい。だいたい、九七年に「サラリーマンの妻」のうち、仕事を持つ共働き世帯が、専業主婦のいる世帯を上回り、しかも年々増加中なのである。

いまだ「育児＝専業主婦仕様」の体制

今や、専業主婦はマイノリティなのだ。だからきっと、働く母があたり前とみなされているに違いない。出産前、私はそう素朴に信じていたのだが……子どもを産んでみて、愕然とした。

まず、子どもの健診や予防接種は、平日の昼間ほんの一時間ほどが受付時間として指定される。都合が悪くても、代替日は月に一、二回程度。はっきり言って、育児をするのは専業主婦で、平日の昼間はつねに自宅にいる、ということが前提なのだ。

産後一カ月半で職場に復帰した私には、正直つらかった……。なんとか都合をつけて行けば、保健所はいつも満員である。一〇分の健診に、半日費やさねばならない……。

他にも妊産婦に対し、日常生活への気配り、生活改善指導、母乳育児指導、子どものケア指導から何から……とにかく手間数が多い。二十四時間家にいて子どもにべったり向き合えなければ実質無理ということが、あたり前のように指導されるのである。

どこの国でもそうなのだろうか？　気になって調べてみたところ、日本の育児書のアドバイスは、イギリス、アメリカ、フランスなど諸外国のそれと比較して、最も母親の負担が重いことが分かった。また、他国の研究者が読んだ場合、女性観がきわめて保守的との指摘も

あった。日本の育児言説は、このほか、「子ども中心」「父親不在」が大きな特徴である。※一

とくに後者は顕著で、日本の育児書は「パパにも手伝ってもらいましょうね」程度。だが、欧米では子育てと同時に、いかにパートナーとの時間を確保するか、子どものいる新しい夫婦関係を築くか、にかなりの紙幅を費やしている。カップル文化が確立した文化圏では、子どもよりも夫婦こそが家族関係の核なのである。それに対し、日本は良くも悪くも母子中心である。

言い換えれば、この国では、どんなに行政が「ワークライフバランス」を喧伝しても、育児の「現場」の言説は、性別分業と母子密着を前提としているのだ。そしてそれは、おのずと母親に過重負担を強いる。

私はため息をつきながら、それでも初産の不安で、出産前後に育児書を読み漁った。三、四〇冊は読んだ。そしてつくづく思ったのは、「私は子どもを産むことを選択したが、三〇年前の日本の正しい母役割まで選択したつもりはない」ということである。

出産・育児言説の保守性と負け犬

それでも、新米負け犬気質母は、それなりにがんばった。妊娠中は食事制限にも耐え、大好きなコーヒーもカフェイン抜き、高齢初産なんて言わせないぞ！　とばかりに、毎日「妊

婦スクワット」と「妊婦腹筋」にいそしんだ。そのおかげか、分娩室に入ったら、ものの一五分で産まれたほどの超安産であった。

だが、むしろ食事制限がつらいのは、産後の授乳期のほうであった。良質の母乳育児のために奨められたのは、次の通り。いわく、望ましいのは「あっさりした和食」。避けるべきは「脂肪分の多い乳製品、カフェイン、冷たい飲み物全般、冷奴や冷たい麺類など冷たい食べ物ばかりの組み合わせ、揚げ物、菓子パン、肉料理、香辛料、アイスクリーム、和菓子、ケーキ類、スナック菓子……」。

百歩譲ってここまではいい。だが、「ピザ、カレー、ラーメン、中華料理、洋食……」まできて、つい、私の脳内の理性神が、ぱららららっぷー！　とラッパを吹き鳴らして飛び立った。

「イタリア人のお母さんはピザを食べないのー？　インド人のお母さんはカレーを食べないのー？　中国人のお母さんや、欧米人のお母さんはどうするのー？」と。

……おかしいではないか。脂肪やカフェインなどならまだ分かる。だが、この言説は、日本以外の食文化を全面否定するものでもある。なぜ、出産・育児言説は、ここまで自文化中心的なのだろうか。

※一　恒吉僚子、サラーン・S・ブーコック、一九九七年『育児の国際比較　子どもと社会と親たち』NHKブックス。

疑問に思って調べてみたところ、どこの国も多かれ少なかれ、出産・育児に関しては他文化に対して非寛容であることが分かった。たとえば、日本ではあまり言われないが、諸外国では「スシは絶対ダメ！」などと、日本食には手厳しい。

普段あれほど異文化理解が謳われているのに、一皮剥けばこの始末。出産・育児に関する言説は、おそろしく排他的である。

「食」だけではない。「衣」もそうである。乳児には、浴衣のような「肌着」を着せるよう指導されるのだが、正直言って紐が多く着せづらい。

上には「洋服《ベビードレス》」を着せるのに、日本の赤ん坊は、なぜか下着に着物を着せられるのである。家屋のタイプが異なっても、指導は同じ。肌着の重ね着によって体温を調整するやり方は、風通しのいい日本家屋には向いているが、気密性の高いマンションにはあまり向いていないように思ったのだが……。

また、わが家のように共稼ぎの家では、夫に子どもを見てもらう場合も多い。夫は私以上に、肌着を着せる手間を面倒がった。ある日仕事から帰ったら、息子は蜘蛛に捕まった昆虫のように、肌着の紐でぐるぐる巻きにされ、苦しがって暴れていた……。そこで結局、夫にも着せやすい欧米式のスナップ留め下着に切り替えることになった。

「育児・出産」に関する言説は、その国の文化の「聖域」であり、疑問をさしはさむことを許さない雰囲気がある。

おそらく、負け犬は、この雰囲気に対しても反発心が強いのではないだろうか。極論すれば育児言説は、女性にこれまでのキャリアも努力も個性もすべて捨て去って、一様に「旧来の正しい母たれ」と言っているようなものなのである。やりがいのある仕事をし、個性を尊重する生き方を好む女性なら、この国の育児言説の保守性には、少なからずうんざりするはずである。

「普通」にしていると子どもは産まれない

ダメ母な私である。神経質に育児書を読んでいたのは最初のうちだけで、あっという間に、「親子ともども死なない限りは、ま、いっか」となった。というか、昼夜なく授乳していた時期から職場復帰では、気分は「天使のようなママ」どころか、「冥府魔道の子連れ狼」である。産後半年くらいまでの記憶がほとんどない。

ただ、酒井が述べたように、だんだん自分が鈍感になってくるのは実感した。だいたい子どもがいると、住環境はとっちらかり、カオスとなる。ついでに、自分の本来の趣味とはほど遠い、カラフルなキャラクター商品まみれになる。

選んだつもりはなくても、気がつくと「ミッキーマウス」や「プーさん」や「しまじろう」が生活を侵食している……。時間だけではなく空間も、自分の思い通りにはコントロールできなくなる。

これは「都市型消費文化」と相容《あいい》れない。「自立した大人の女」像とも相容れない。むしろ、そんな自分のあり方に愛着をもてば持つほど、育児は「無理」となる。

そして、はたと気がついた。今この国では、若い女性が好むような都市型消費文化称揚のライフスタイルは、子どものいる生活とまるきり合わないのである。整然としてお洒落で好ましいライフスタイルは、子どもを排除してはじめて成立可能だからだ。

もっと言えば、この社会は、一般に子ども的なるものを排除することによって成り立っている。「普通の空間」とは、子どもがいないクリーンで合理的な場所を意味するからだ。

今、この社会では、子どもは「特殊」な存在である。

私たちは、子どもが産まれると、子ども仕様の生活に一新しなければならない。これは、「普通の生活」が、子どもがいる生活とかけ離れているからである。

たとえば本田和子は、第二次大戦以降、生活空間が近代化されていくにつれ、子どもの分離が進められたと指摘する。同時に、「消費者としての子どもの発見」により、デパートのおもちゃ売り場など、子ども仕様の場は、市場にも限定的に創設されるようになった、と。

そして本田は、次のようにも指摘した。

「公」を失って「自己世界」だけを限りなく増殖させ、「自己充実」のみを価値として生きていく人々が増えていくことは、「産み育てる」ことを忌避する心性の増殖と重なり合う。なぜなら、「産み育てる」行為は、自己以外の者に捧げられる無償の献身である。仮に、それが「わが子」であったとしても、彼は紛うかたなき「自己以外の他者」、（中略）「わが子」と呼ばれる他者のために、財力と時間と労力、あるいは心労など、なんと膨大な財貨の投入が必要なのだろうか。「子どもは不要」あるいは「一人でこりごり」などと「子ども」が忌避され、結果としての「少子化」現象が顕著になっていくのは、当然の成り行きと言うべきであろう。※二

これらが、子どもを忌避する現状へとつながっていく。同書の書評で、香山リカが冒頭、こう述べている。

「私事になり恐縮だが、私には子どもがいない。決意や選択の結果というより、何も選択せずにいたら自然にこうなった、とこれまで思っていた」と。※三

その後、「近代の病としての少子化」について言及するのだが、私にはこちらの素朴な感慨のほうが目を引いた。

※二　本田和子、二〇〇七年『子どもが忌避される時代　なぜ子どもは生まれにくくなったのか』新曜社、五六―五七頁。
※三　朝日新聞、二〇〇七年一二月二日。

酒井も、同じようなことを述べている。

「負け犬が負け犬となった理由はさまざまであり、また私達が普通の家庭というものを嫌悪しているわけでもないのです。ただ、ふと気がついたら負けていた」（酒井、前掲書、一二頁）と。

これらの感覚は、よく分かる。今の日本では、「普通にしていると子どもは産まれない」のである。この国で子どもを産み育てるために、何が必要だろうか？　よく言われるのは、経済力や良好な職場環境、家族やパートナーの協力などであるが、仕事を持つニッポン女子には、さらに三つのものが必要である。

それは、①仕事やライフコースについての綿密な計画性、②何としても子どもを産み育てたいという強固な意志、③つねに計画の変更や修正をいとわない柔軟で強靭な精神力、である。

かつては、こんなもの必要なかった。三〇年前くらいまで、ニッポン女子は、何も考えなくても自然と結婚――出産――育児のライフコースを歩んでいたからである。

ところが今や、綿密に計画しなければ、子どもは産めない。一人では産めないので、パートナーも巻き込んだプロジェクトとなる。これを成し遂げるには、何が何でも子どもが欲しいという意志が必要不可欠。しかも、「子どもという自然」は計画通りに育ってくれることなどあり得ないので、つねに柔軟に対処する心構えも必要である。

しかし、出産世代の親たちは、何も考えなくても子どもを産み育てられたので、この大変さが理解できない。この点に関しては、世代間ギャップが大きいのである。想像力のなさに関しては、政策を決定するオジサンたちも同様である。

そういえば、かつて森喜朗元首相もこんなことを言っていた。

「子どもを一人もつくらない女性が、好き勝手、と言っちゃなんだけど、自由を謳歌して、楽しんで、年とって……税金で面倒見なさいというのは、本当におかしいですよ」と。

対象が幼稚園の経営者や園児の母親であったため、リップサービスが過ぎたゆえの失言と言えなくもないが、「子どもを産まない＝自由を謳歌」と短絡的に決めつけたのは、いただけない。実際には、女性が子どもを産まない理由も、産めない理由もさまざまなはずであるのに、想像力を欠いた発言である。だが、意外にも賛同者が多く見られた点には、驚いた。

やはりこれも、女子界分断作戦の成果と、世代間ギャップの賜物か……。

そう。この問題は、多分に感情の問題を含んでいるのである。いまだ、規格外の人生を歩む女性への視線は厳しい。なるほど、酒井らが「自虐」戦略をとってきたのは卓越した処世術と言えよう。

『負け犬の遠吠え』が見落としたもの

多くの示唆を含んだ『負け犬の遠吠え』であり、私もうなずくところが多かった。だが、少々残念な部分もあったので、つけ加えておきたい。

それは、同書は「勝ち組負け犬」の本であるが、そうであるがゆえに、「負け組負け犬／勝ち犬」への視点が含まれていないという点である。「勝ち組・負け組」の定義は難しいが、本書では「現在ないし将来の経済的不安」を感じている層を（申し訳ないが）負け組とみなす。

実際問題、日本では女性の被雇用者は男性より平均賃金が圧倒的に低く、現在では非正規雇用の者のほうが多い。つまり、勝ち組負け犬は、女子界のエリートと言える。だが、今の日本が解決すべき問題は、自立し多額の税金も収めてくれる勝ち組負け犬よりは、むしろ親に頼って何とか貧困に陥るのを免れているパラサイト負け犬や、リストラや派遣の雇い止めにあって、職探しに奔走している負け組負け犬のほうにある。

女性の賃金がこんなに安く、企業も雇用の調整弁に使いがちなのは、まだまだ日本の企業が「家族賃金（男性の稼ぎ手が家族を養う賃金体系）」を前提にしているからである。

いわゆる「フリーター問題」も、既婚女性のパート労働市場に、若年労働者が参入してきて、ようやく話題になった。いまだ女性労働問題は、政策においてもマイナーである。また、フリーターの女性はフリーターとしか出会えない確率が高く、結婚へのハードルが高い。仮に結婚したとしても、世帯所得は低いままなので、子どもを産み育てるのは難しい。私も、子持ち非正規雇用者であるため、他人事ではない。

さらに、同書の自虐戦略は、負け組女子たちの救いにならない……どころか、ある意味著者の手を離れて「負け犬」の語が一人歩きしたせいか、むしろ負け組負け犬たちを追い詰めた点も看過できない。

自分の稼ぎでペット可のマンションまで買ったりできる勝ち組負け犬と違い、負け組負け犬には、自虐ネタを披露できるような余裕はない。結果、この「負け犬」の語は、ひたすら彼女たちを傷つけることとなった。

それら時代の雰囲気が、現在の若年女性層の保守化や、婚活ブームにつながったとも言える。現在、日本の二〇代女性は、三〇代〜五〇代よりも保守的で、専業主婦願望も高い。この点は第四章で詳細に述べる。

だが勝ち組負け犬には、負け組女子は目に入らないのだ。彼女たちが「負けた」と心から思っている相手は、実のところ「勝ち組勝ち犬」だけなのである。むしろ、負け組男性と結婚して「負け組勝ち犬」へと転落するくらいなら、「勝ち組負け犬」であることを選ぶ。

しかし、それもむべなるかな。世の中には、問題のある男子も多いのだから。

酒井は、負け犬を諧謔たっぷりに論じた後、男性未婚者、いわゆる「オスの負け犬」について分類している。いわく、生身の女性に興味のない「オタ夫」、責任感のない「ダレ夫」、若い美人しか視界に入らない「ジョヒ夫」、まったくモテない「ブス夫」、単にダメな「ダメ夫」である。

それぞれにユーモアたっぷりの分類である。また、日本の未婚・非婚問題は、実は男性のほうが深刻であり、女性ばかりが槍玉にあげられるのは、本当はおかしい話なのだ。それを指摘した点は評価に値する。
たとえば、生涯未婚率（五〇歳時未婚率）は、一九六五年から八五年まで女性のほうが若干高かった。だが、九〇年になって男性五・六％、女性四・三％と逆転しその差は開き続けている。二〇一〇年現在、男性二〇・一％、女性一〇・六％と倍以上の差がついた。[※四]

ちなみに、夫婦間出生力は、高度成長期から八〇年代まで二をキープしていたのだが、これが九〇年代になって二を切りはじめた。子どもは産んでも一人、またはDINKS《ディンクス》（共働き収入、子どもなし）が増加したためである。

とはいえ、日本の場合、前述したように婚外子出生率はきわめて低く、「結婚＝出産」である。非婚化は露骨に少子化となる。そして、非婚化の主犯は、男性のほうなのである。

男性改良という点でも、『負け犬〜』は大いに参考になる。ただ一点だけ、蛇足ながら申し述べておきたい。

ブス夫属性に、「農家」を入れるのは、いかがなものか。「内気」「若ハゲ」も気の毒だが「農家」の男性＝ブス夫と一括りはあんまりである。これは自らを「どんなに仕事ができて美人でも、三〇歳以上の独身女性は負け犬」と自虐的に論じる姿勢を、他者に応用したものとも言えるのだが。

ここの記述ばかりは、ユーモアを通り越して偏見であり、職業差別である。ジョヒ夫やダメ夫を非難するのとは違う。上手なレトリック満載の本書なだけに、少々残念である。

女子校文化と自虐戦略

第三次無頼化は、「自虐」戦略を基調としている——というのは、これまで述べてきたとおりである。実はこれは、女子校文化圏で発達したサバイバル戦略なのである。

この点を余すところなく述べたのは、辛酸なめ子の『女子の国はいつも内戦』（河出書房新社、二〇〇八）である。

酒井順子は立教女学院高校出身だが、辛酸も女子学院出身。名門女子校文化圏の暗黒面を余すところなく伝えてくれる本である。

女子界というのはつねに格差社会で、人気者であるほどヒエラルキー上位に来る。反対に、自己中であったり悪目立ちしていると、ハブられる。ハブられることは、女子界では「死」に等しい……。

このカオスで暗黒な世界を生き抜くため、自分のキャラ設定や群れる仲間の選別法、コミュニケーション方法などについて、ブラックな解説がつづく。

※四　国立社会保障・人口問題研究所、人口統計資料二〇一三年「性別未婚率および初婚年齢」より。

真骨頂は、「女子の親近感を得るのに一番いいのは『弱みを見せる』こと」（一五三頁）と、辛酸は指摘する箇所だ。女子は、相手に対して優越感を抱くかぎり、攻撃しない性質を持つのだ、と。悲しいかな、女の性《さが》。「つねに他者と自分を比較し、相対的に自分のポジションを確認しているのです」（一八〇頁）とは、そのとおり。

私は、空気の読めなかった中学・高校時代を思い出し、目頭が熱くなった……。考えたら、私にはトイレ友がいなかった。とくにほしくもなかったが、女子界では致命的な欠点だったのだ。女子中学生・高校生には、トイレに一人で行くことは、かなりの蛮行であった。考えたら私以外はみな、つねに連れ立っていた。

私は女子界のおしゃべりが、ずっと苦手だった。コミュニケーション的運動神経が鈍く、ついていけなかったからである。女子界でサバイブするためには、他人との微妙な距離感を計り、パワーバランスを調整し、根回しをし、こっそり集団内部で実権を握ること。まるで、「永田町のサバイバル法」ではないか。

さらに、昨日の敵は今日の友で、明日はラスボス。そんなことが日常茶飯事で、敵味方関係が読めない。そんな状況をして、辛酸は「内戦」というが、これはまさに、日常的にテロの脅威にさらされている今日的状況そのものである。

そう、ポール・ヴィリリオは言っていた。現在の世界は、「第一次世界内戦」だと……。内戦状態の世界では、女子のほうがサバイバルに有利である。何せ有史以来、女子の国はつねに内戦状態だったのだから。

中村うさぎという「女のパロディ」

さらに、女子校文化圏は、過激な「女のパロディ」を見せつける究極の無頼化女子を輩出した。「ショッピングの女王」こと、中村うさぎである。彼女は、中学高校とも女子校を出ている。

ジュニア小説家としてもベストセラーを出したが、何と言っても中村を有名にしたのは、五年間で一億円もの買い物生活の経緯をつづったコラム、「ショッピングの女王」シリーズである。

彼女は、女性がハマる種類の嗜癖《アディクション》を、過剰なまでにデフォルメし、体を張って見せつけてくれる稀有な作家である。

ブランド物を買い漁り、その後ホストクラブにハマり、さらに美容整形を繰り返すようになった。顔にメスを入れてリフトアップし、豊胸手術を受け、さらにその前後、ヌード写真も公開という潔《いさぎよ》さである。

イロモノ、ゲテモノ、との揶揄も多い。ブランド物にまみれた片付かない自宅を公開したこともある。だが私には、中村は一切合財をさらしているようでいて、その実、「中村うさぎ」

を徹底的にコスプレしているように見える。

それは、何のために？

どこまでも突き進む彼女は、女の欲望の求道者に見える。

中村の求道は、ショッピングの後、恋愛（ホスト）、ついで美貌（美容整形）と、次第に「金で買えるものから、通常買うのがためらわれるもの」へと向かっていった。今の日本では、たいていのものはお金で買える。だが、本当は買えるのに「買ってはいけない」ことになっているものは多い。

そして、すっぱい葡萄の論理のように、そこには倫理的な価値観が刻まれる。だが、中村は、「王様は裸だ！」と叫ぶ子どものように、そこを突破する。何でも買える消費社会では、「買ってはいけない＝禁止コードが強固な果実」ほど、魅惑的なのだから。

私見では、彼女は「買い物依存」とは言えない。買えるだけの財力や、印税の前借りを認めてくれる出版社があり、さらにはそれをネタに発表できる場があるからだ。環境が病を決定するとすれば、環境が許す欲望は、病気ではない。

ただ中村は、次々と女性の欲望を憑依《ひょうい》させるために、その肉体を差し出しているように見える。

無頼化女子としての凄みが出てきたのは、美容整形にハマりだしてからである。身体加工への欲望は、今日誰もが持つ欲望である。だが、とりわけ「自然美」を愛好する日本社会で、女性がおおっぴらに美容整形手術を受け、さらにそれを公開することについては、反感も強い。

中村は、『女性セブン』誌の企画もあり、プチ整形（埋没法）で顎を尖らせ、鼻梁を高くし、二重瞼にした。耳元にメスを入れてフェイスリフトを行い、ヒアルロン酸注射で巨乳にするまでを『週刊文春』に二〇〇二年から〇三年にかけて書いた。

その「成果」について、こんな風に述べている。今までカメラが苦手だったのが、自信を持って笑顔をつくれるようになった、と。たしかに、整形してからの「女優笑顔」は堂に入っており、華やかで美しい。

ただ、以前と異なっているのは、顔の造作以上に、中村の自信に満ちたフォトジェニックな笑顔のように見えるのである。整形以前から、中村は童顔ながら美人の部類であった。だが、その自意識の強さが、どうにも童顔の可愛らしさを突き破っているように見えた。

個人的には、作家の顔は自意識によって、造作をぶち壊しているくらいのほうが魅力的だと考える。平均的な美を打ち壊すほどの自意識の漏洩を、私は美しいと思う。

だが、中村の整形後の曇りなき笑顔はどうだろう。これはまるで、ダナ・ハラウェイのサイボーグのようである。こういう美があったか。私は、舌を巻いた。

多くの整形美女は、おそらく整形後の顔を生まれつきの美と信じるようになるのだろう。だが、中村は違う。人工美を人工美として再帰的に見つめ、受容し、そして筋肉を動かし、予定通り笑うのだ。

『最後の聖戦!? ショッピングの女王FINAL』（文春文庫、二〇〇六）で、中村は自問する。カメラを前に緊張しなくなったのは、整形で自分の顔に自信がもてたせいなのか、と。これに対して、次のように答える。

「自信ではない。私は『私の顔』に、責任を感じなくなったのだ」と。

責任? 責任とは何だ?

「だって、どんなふうに映っても、これは私の顔じゃないからいいやって思えるもん!」（七六頁）

中村は、顔を整形《コスプレ》することによって、笑顔もコスプレすることを覚えたのだろうか。裏を返せば、「自分の顔（そして美貌）」に、いかに女性が責任を負わされているかということの証明とも言える。

生まれつきの顔の造作は、個人の責任ではない。にもかかわらず、それによってあっさり峻別される女の人生とは、何と残酷なことか。中村が身を呈して証明して見せたのは、この事実である。

退屈が恐い女王様

かつてのショッピングへの思いを述懐し、中村は言う。

以前、女王様にとって、買い物は趣味なんかじゃなかった。それは戦いだったのだ。戦場に赴《おもむ》く戦士のように、高揚感とともに絶望感があった。無傷では帰れないという決死の覚悟が必要だった。そして、必ず無傷では帰れなかった。それはホストクラブでも同様である。法外な金を遣う瞬間、脳天の蓋が開いてシュポシュポ煙が出るような興奮と引き換えに、身を切られ血が噴き出すような痛みを覚えたものだった。その痛みがあってこその快感だった。（中略）

民よ、女王様は、退屈が怖い。退屈したら、凡庸な自分と向き合わねばならないからだ。ネジの切れた人形のように、自分の無力さと対峙しなくてはならないからだ。（前掲書、一八〇頁）

一見、中村自身半ば冗談のように「生まれ変わり」と自称するマリー・アントワネット的発言である。ただ、マリー・アントワネットは、凡庸な自分を再帰的に見つめることはなかっただろう。もちろん、過剰な欲望のパロディを見せつける中村を、読者は決して凡庸などとは思わない。

問題は、中村自身が自己をどのように見つめているか、なのである。「私は自分に見栄を張っているのかもしれない。周囲を惚れ惚れさせたいのではなく、自分に惚れ惚れしたいのかもしれない」（前掲書、一八二頁）のだから。

この視点は、思春期に異性の視線を鏡とせずにすんだ、女子校文化圏出身者ならではかもしれない。同性間の視線のあり方を徹底的につきつめると、自分の内面のデッドエンドを突破しようとする欲望にまで達するのか……そんな感慨が浮かんだ。

欲望をコスプレする

その後、賛否両論（というか、否が多く目についた）あった『私という病』（新潮社、二〇〇六）では、中村はあらゆる欲望の追求の果てに、ついにデリヘル嬢になってルポを執筆した。いわく、他者から欲望されたいのだ、と。買える欲望を買いつくし、究極的な、買われる（承認される）欲望へと行き着いた、とも言える。

同書は、とりわけ男性からの批判が多く、「作家ではなく体験ルポライター」だと言われたりもした、と中村は述べる。そして、それらの評も、彼女は受け入れている。

強いて言えば、中村うさぎという書き手は、「内面ルポライター」なのである。自身を限界状況に置き、その内面のふるえ――快も不快も、恍惚も絶望も、その感情の振れ幅すべて――に、徹底的に光を当てようとする。

本作は、その意味で、〈中村うさぎ〉の真骨頂を示している。作家が風俗嬢になってみせたという事件性とは裏腹に、中村の内面深くに当たる光が、静かで強靭なのだ。

中村はずっと、東電OL殺人事件の被害者への共感を抱えていた。まるで彼女の欲望を追跡《トレース》するかのように、中村は歓楽街の風俗嬢となった。

わかっている。東電OLの傲慢さを、この私も抱えている。露悪という行為が与えてくれる、うっとりするほどの優越感。（中略）この「もうひとりの私」でなければできなかったことを、今の私はしているのだ、ということ。コスプレしなくては、表現できない「自己」がある。コスプレしてまでも、表現せずにいられない「自己」がある。（一五四頁）

そこでは、源氏名を名乗る中村を買う男たちもまた、匿名の存在である。匿名同士であるからこそ、表現できる自己がある――とは、誰もが多かれ少なかれ、身に覚えがある事実だろう。

さらに、「男は金でセックスを買うのではなく、性的幻想を買いにくる」。だからこそ、「男という生き物は、自分が幻想を抱いている女に対しては優しく丁重に気を遣って振る舞う」が、「長く連れ添った挙句に幻想を抱けなくなった女に対しては気兼ねがなくなる分、人間扱いしなくなる、ということなのだろうか」（五八頁）と述べる。

実際、相手の客はみな中村に優しく接した。だが一方、この原稿を発表した後、中村はセクハラにあったことも述懐している。なぜか。その答えも、先に引用した中村の言葉によって説明できる。男は、自分が幻想を抱いている女には優しいが、反面、幻想をもち得ない相手には、極めてぞんざいである。

そう。男にとって、「一度でも風俗嬢を経験した女」には、幻想を抱く価値はない。だから、場合によっては、人間扱いすらしなくなるのである。

幻想の値段

現在、「玄人女」への幻想の値段は、地に堕ちていると言っていい。そして、中でも「誰にでも買われ得る」前提の風俗嬢は、その最底辺にいる。

玄人女への幻想の値下がりには、時代的変遷がある。七〇年代は、まだ水商売の女性を歌った流行歌も見られたが、女性の意思決定が尊重されるようになりだしたころからは、あまり流行らなくなっていった。それにともない、「玄人女」のエロス的価値もまた、下落していったのである。

代わって登場したのが、「素人女」のエロス的価値称揚である。八〇年代、メディア的な仕掛けとはいえ、「女子大生ブーム」が起きたのは、偶然ではない。カネではなく、自由意志で女性が恋愛相手として認めてくれること。これが、男性としての価値の承認になったからである。

同時に、旧来の「性豪的男の価値」は急落した。いわゆる「素人童貞」などと言われるように、カネの力でしかセックスができない男性も、侮蔑の対象となっていった。

余談になるが、ホリエモンこと堀江貴文ライブドア元社長が、あれほど上の世代から嫌われたのは、派手な買収劇や、ノーネクタイでの公式な場への登場など、旧来の勤労的価値観をおびやかしたからだけではない、と私は思う。

私見では、堀江は最後の「性豪キャラ」であった。「女はカネについてくる」といった分かりやすい言動に、その通りにアイドルと遊び歩く姿。これらは、オジサンたちがかつて馴染み、かつ憧れてきたものである。

いや、今だってキャバクラからスナックに高級クラブまで、「女性に接待してもらう場」に、オジサンは集う。たしかに、「女はカネについてくる」のだが、それを表立って喧伝するのは、まるで「オヤジ的欲望のパロディ」である。この姿に、オジサンたちは無意識に同類嫌悪感を煽られたのではないのか。

このあり方は、立場こそ違えど、中村うさぎを正視できないという女性の意見に、不思議と似ている。もちろん、中村はこのような視線に自覚的である。『最後の聖戦～』で、彼女は力強く宣言した。

人からバカだのクソだのブランド女の成れの果てだのと嘲《あざけ》られても、私は、その「成れの果て」を、これからもずっと、きわめて自覚的にやっていく所存なのである。だって、その成れの果てに何があるのか、私はこの目で検証したいのだから。（二六五頁）

女性「の」欲望から、女性「へ」の欲望の解明へ。中村の求道はつづく。とりわけ近年、中村がその輪郭をあぶりだそうとしているものは、女性の置かれた複雑な抑圧状況のようにも見える。

公的な場（たとえば職場など）では、女性は「性的対象としてだけ見られる」ことは、侮蔑《ぶべつ》である。だが一方、私的な場では、「性的対象として見られない」ことこそが、侮蔑となる。

前者は正しさ界、後者は望ましさ界に親和性が高い。しかし、実は公的な場でも、完全に性的対象として見られない（女性としての魅力がない）ことは、望ましいとは言えないどころか、暗黙の差別を生む。東電ＯＬ殺人事件の被害者を、思い出してほしい。

アンドレア・ドウォーキンのように、「女性として見られることそれ自体が差別」と言い切れるならば、話は単純である。だが、多くの女性は、その境地にはたどり着けない。それは、正しさよりも望ましさが日常を覆っているからである。

中村うさぎは、その意味で、正しさ界の論理では読み取ることのできない「望ましさ界の論理」の、裏の裏まで入り込むことのできる潜入者である。

正しさ界の論法だけでは見えないものを、鮮やかに描き出す類《たぐい》まれな書き手だと言える。

第四章

サバイバル・エリートと婚活現象

自虐路線が受容されなくなってきた

ゼロ年代も半ばをすぎ、女子界の第三次無頼化路線に、変化が現れはじめた。自虐パロディ基調を「前期」の特徴とするならば、「後期」のキーワードは、「サバイバル」である。

結局のところ、自虐路線で笑いを取る余裕があったのは、一部アッパー層の才能に恵まれた女子にすぎなかった。また、社会全体の雰囲気もどんどん余裕を失い、「余裕格差」が広がっていった。

たとえば『負け犬の遠吠え』が、ベストセラーとなった〇三年、これまでの酒井の読者たちとは明らかに違う反応に、私は少々驚いた。多くの読者が、酒井の文章の真骨頂であるユーモアのレトリックを読み取らず、負け犬という語をひたすら「ストレート」に受け取ってしまったからであった。

いわく、「私はたしかにこの条件に当てはまるが、負け犬と決めつけられて不愉快」(いや、酒井は当事者としての自虐で言っているのだが……)、「人間を勝手な基準で勝ち負けに分類するなんて」(いや、「人間を勝ち負けで二分するのは本当は不可能」って、最初に書いてあるのに……)等々。

今にして思えば、これは後の時代潮流の予兆であった。

たしかに、ベストセラーというのは、「みんなが読んでいるから」という理由で読む層をも引きつける。だが、普段から文章を味わう楽しみをもたない人たちは、一般に、自虐などのやや過激なユーモアのリテラシーに乏しい面がある。

もちろん、もの書き業の人間としては、どんな理由からであれ、本を手にしてくれる人は、ありがたい読者である。

たとえば私など、先日、たまたま書店で、私の本を買っている女性を目撃し、ありがたさのあまり、追いかけていって泣きながら握手したい衝動に駆られた……が、それでは不審者なので、彼女の後姿に脳内で二礼三拝するにとどめた。

読者というのは、それくらいありがたいものなので、本を読むのがどんな動機であっても、もちろんかまわない。

ただ、残念なことに、多くの読者は、「ベストセラー本」止まりである。読書それ自体の楽しみの追求というレベルまでは、なかなか踏み込んではくれない。また、今日はそもそも書籍があまり売れない。

原因は、さまざまに指摘できる。今、情報を得る媒体は書籍にとどまらない。実際、インターネットをはじめとしたメディアの多様化が、家計支出の構成比を変えた。たとえば、携帯電話代など情報通信費の上昇が、書籍などの購買欲を低下させている等々の要因もあるだろう。

また、今の日本社会の余裕のなさも、大きな要因であるように思う。書籍に限らず、自分に直接利益をもたらすものにしか、誰も財布の口を開かなくなった。「遊び」「ユーモア」の感覚が、この国からどんどん減退していっているのである。

それも仕方ないかもしれない。まるで『鏡の国のアリス』に出てくる動く地面のように、走り続けねば後退を余儀なくされるこの社会である。庶民に遊んでいる余裕はない。サバイバルのためには、人生にも「選択と集中」が必要である。そんな雰囲気が、庶民レベルで浸透していったのがゼロ年代の特徴である。背景には、経済社会構造の変容（流動性の高まり）が、人生における自己責任の度合いを高めたことがあげられる。

「勝間和代本」が打破した二つのタブー

このような時代が呼んだ現象のひとつが、「勝間和代本（以下、勝間本）ブーム」である。これらは、生活防衛のための「金融リテラシーアップ」と、グローバル化と新自由主義の世の中をサバイブするための「ビジネススキルアップ」、さらにはネットなどを活用した、新しい「セルフプロモーション法」の三本柱を基調とする。

この傾向は、タイトルに如実に反映される。

たとえば「効率アップ」を謳った、『無理なく続けられる年収10倍アップ時間投資法』『効率が10倍アップする新・知的生産術―自分をグーグル化する方法』。

「自助自立の精神」を謳った、『勝間和代のインディペンデントな生き方　実践ガイド』『起きていることはすべて正しい―運を戦略的につかむ勝間式4つの技術』。

「金融リテラシーの重要性」を説く、『お金は銀行に預けるな　金融リテラシーの基本と実践』。

さらに近年では、多忙な著者の経験をフィードバックしたと言える『断る力』や、ネット時代のセルフプロモーションの方法論を謳った『目立つ力　インターネットで人生を変える方法』などがある。

このようにタイトルを並べただけで、「努力」「効率性アップ」「自助自立」「きっぱりとした自己主張」といった、王道無頼化女子の風格を感じさせる。

私見では、勝間の女子界への最大の貢献は、①マネータブーを打破したこと、②女性の出世タブーを打破したこと、この二点に集約される。

①のマネータブーとは、「お金のことを露骨に口にするのは恥ずかしい」という、日本社会独特の感覚である。昔から商業が盛んであった関西圏をのぞき、日本人はお金の話に関して一定のタブー意識があり、ドライになりきれない。

そして、自力で食べていくことが推奨されてこなかったニッポン女子にとって、マネータブーは男性よりも強固である。なぜなら、女性はお金を稼ぐ労働に従事するより、家事育児など無償労働に従事するのが正しい、という規範意識が強いからである。

しかし、この感覚は、現実と矛盾をきたす。

人間は、生きていく以上食べていかねばならないし、そのためにある程度のお金は当然必要である。その素朴な事実に対し、この国には、妙に抑圧的な文化気風がある。露骨にお金のことを口にする人間は、品性が卑しいとされるので、誰もがお金の話に蓋をする。話す場合でも、腫れ物に触るように扱う。余談になるが、「ジャパネットたかた」の高田明社長が、商品の値段を言うとき、声を少し落として恥ずかしそうに言うのは、この日本人の感性に訴えるためではないか、と私はひそかに思っている。

だがその一方、心の底では、誰もがお金をほしいと思っているため、お金に関してドロドロと、感情的になる。

私のような自由業者には、このマネータブーの雰囲気は大変にやっかいである。というのも、このせいか、相手先が仕事の報酬を最初からクールに提示してくれない場合が多いからだ。

けれどもこの雰囲気が、近年変わってきた。最初からきちんと条件を提示しての依頼が一般化してきたし、こちらから報酬面を聞くことも、以前ほど気恥ずかしいことではなくなってきた。

そう、日本人の心性から、だんだんマネータブーが薄れつつあるのだ。仕事に対し、報酬が発生するのはあたりまえのこと。そのあたりまえを提示しないほうがおかしい。確実に、そんな雰囲気は高まりつつある。

これは、勝間本をはじめとする「お金関連トピック」に、人々が馴染んだおかげ、とも言える。マネータブーを打破し、「お金の話は卑しい」といった雰囲気に風穴を開けた勝間の功績は、評価に価する。

サバイバル・エリートという究極の無頼化女子

第二に、勝間は、いまだ日本社会に強固に残存していた、女性の出世タブー感覚を、あっさり打破した。いわゆる「カツマー」と呼ばれる彼女をロールモデルとした熱狂的な女性支持層が現れたのは、そのためと言える。

勝間は、女性が社会的に成功することを全面的に肯定し、さらにその方法論を明確に示した。勝間本は、どこがどのように新しかったのか。その主張は、一般的な自己啓発本とそれほど変わりがない、とよく言われる。だが、受け入れられた理由は、あえて言えば、内容というよりは「明確な目標設定」、および「目標へ近づくためのステップ」の二つが、飛びぬけて具体的に記述されていたからである。

勝間本には、実に分かりやすい定義や数値が、頻繁に出てくる。たとえば、成功のための方法論のごく一部（太字は原文）。

自分の中に、**バランスシートの発想**を持ちます。

そうすれば、バランスシートがない場合には、今日、明日、今日、明日という発想で物事の優先順位をつけがちでも、これが半年、1年、3年、5年のようなフレームワークで常に優先順位を考えられるようになります。（『起きていることはすべて正しい　運を戦略的につかむ勝間式4つの技術』ダイヤモンド社、二〇〇八、八二頁）

ストレートで無駄のない計画性の推奨である。なるほど、参考になるし、真面目に出世を目指すビジネスパーソンならば、おそらく男女問わず心を打たれるはずである。さらに、自分の成功プロセスを惜しげもなく開陳している点にも好感がもてる。

私がどうやって、インターネットを通じて、いまのように目立っていくことになったのか、さまざまなエピソードを共有させてください。短くまとめますと、パソコン通信→「ムギ畑」開設→ブログ開設→『ウォール・ストリート・ジャーナル』注目女性→本の執筆→ブログメンバーによる応援→ベストセラー作家に、となっていったのです。（『目立つ力　インターネットで人生を変える方法』小学館、二〇〇九、五九頁）

馴染みのない方のために解説しよう。これは自慢ではない。勝間の文章は、「プレゼン語」で書かれているのである。そして現在、就職試験などでもこの言語を使用しなければ、なかなか企業には採用されないので、学生たちはこぞってこれを習得しようとしているのである。

だが、勝間本の特徴は、それにとどまらない。おそらく、勝間に憧れる女子たちを引きつけた最大の言葉は、『勝間和代のインディペンデントな生き方　実践ガイド』（ディスカヴァー携書、二〇〇八）に示された、次のものだろう。

二〇代から三〇代の女性を対象に、「独立した素敵な女性の生き方」を提唱し、勝間はこう述べた。

この本では、インディペンデントな生き方を、以下の三つの条件で規定しています。

1　年収六百万円以上を稼ぎ、2　いいパートナーがいて、3　年をとるほど、すてきになっていく。（六頁、太字は原文）

今までこれほど明確に、女性の成功要素を明記した本があっただろうか。

「いいパートナー」「年齢とともに素敵になる」は、比較的女子界では使い古された言葉だが、女性相手に目標年収をきっちりと明記した本は、これまで日本にはなかったように思う。

ちなみに、同書は、二〇〇六年発刊の『インディでいこう！』を再録したものである。二〇〇六年当時、女性の年間平均給与は二七一万円（男性五三九万円）であった。

給与階級別分布を見ると、女性では一〇〇万円超二〇〇万円以下の者が四七二万人（構成比二七％）と最も多く、次いで二〇〇万円超三〇〇万円以下の者の三八九万人（同二二％）となっている。一〇〇万円以下の者も一七％近くいることから、全体で六六％が三〇〇万円以下。これに対し、六〇〇万円以上の給与所得者は、全体の五％程度。かなりのアッパー層である。※一

だが、六〇〇万円という数値設定は、自立志向の強い女子を発奮させるのにきわめて適切な数値であった。というのも、このような自己啓発本に発奮させられたい、と思う上昇志向の強い女性は、ある程度アッパー層で学歴も所得も高いと想定されるからである。

そして、たとえば同じく〇六年の数値で見てみると、資本金一〇億円以上の株式会社においては、女性の平均給与所得は三〇七万円、男性七三三万円であり、平均六一六万円となる。要するにこの「六〇〇万円の年収」は、「大企業社員の平均年間給与」なのだ。もちろん、年功による差はあるものの、一流企業で男性と肩を並べる総合職女性にとっては、感覚的にはそれほど縁遠い金額でもないだろう。

さらに、女性の給与所得者のうち、年収三〇〇万円以上六〇〇万円未満の層を合計すると、二九％となる。女子社員全体の三割を占める中上流層と言える。つまり、勝間本を必要とするであろう読者層は、会社員の場合、最上位ではないが、がんばればもう少し上に行けそうなポジションにいる人たちである。

この層は、「自分磨き」の手間隙を惜しまず、情報収集のための書籍等の購買意欲も高い。したがって、彼女たちに目標を絞ってメッセージを発した勝間の狙いは、きわめて正確であった。この層の女性にピンポイントで心に響く書籍は、やはり読まれるのである。

彼女たち「女子社員の三割」が目指すものは、過酷な時代を生き抜くサバイバル・エリート。ロールモデルは、〈勝間和代〉という成功者のイコンであった。

実は、私が勝間の名前を最初に聞いたのは、勝間本ブームよりもずっと前のことであった。新聞に載った、「三児の母にしてバリバリのキャリアウーマン、そしてワーキングマザーのための団体を主宰……」という内容の記事である。

世の中には、すごい人もいるものだ。私は、ひたすら感嘆するばかりであった。

実際、勝間本が売れた背景には、著者自身の「キャラ設定」――キャリアと育児を両立させるスーパーウーマンだが、二度の離婚を乗り越えるなどの苦労人でもある――があった点も大きいと思われる。

とくに、「いざなぎ越え」の期間、間接金融から直接金融への流れが社会を席巻し、新自由主義的雰囲気が充満していた時期、勝間本は時代のバイブルとして登場した。

流動化するニッポン社会

勝間本がブレイクしたゼロ年代半ば以降は、経済社会が著しく変化を遂げ、資本や雇用の

※一　国税庁「平成一八年分　民間給与実態統計調査」より。

流動性が高まった時期でもある。

たとえば、労働の場では、「終身雇用制」「年功序列型賃金体系」「企業別労働組合」を基調とした日本型雇用慣行が崩れていき、非正規雇用者の比率が上昇した。現在では、被雇用者のうち三分の一以上が、非正規雇用という状況である。

この層が増えれば、労働の場の流動性も高まる。彼らは、雇用の安全弁として、調整対象ともなりやすい。企業も安価な労働力を求め、海外に工場を移転することが珍しくなくなり、生産と消費の場もどんどん分裂していった。

これにともない、ライフスタイルも変化した。少なくとも、バブル崩壊以前までならば、男性一人の稼ぎで妻子を養うことが一般的であったのが、不安定な労働市場の影響から、専業主婦比率は下がり、女性の社会進出も進んだ。

晩婚化・非婚化も進行し、単独世帯も増加した。近年では、両親と子どもの組み合わせのいわゆる「標準世帯」よりも、「単独世帯」のほうが若干上回るなど、「多世帯化」の傾向も指摘される。

これらの傾向は、ライフスタイルの「個人化」を推し進め、同時に人々の「心のよりどころ」「所属先」を失わせていった。

たとえば、非正規雇用者の増加は、かつての「会社村」的な帰属意識を雲散霧消させた。また、労働組合などの加入者も減少していった。同じ企業内にいても、日本社会の場合「正規／非正規」の差は、ある種の身分制の様相を呈しているため、社員同士の連帯感をも弱めた。

単独世帯比率の増加は、コミュニティの紐帯を弱めた。たとえば町内会など地域の自治組織は、家族世帯をその基本構成単位とする。単身者は、一般にほとんど地域社会とかかわらないため、家族世帯が減れば、おのずとコミュニティの人間関係は希薄となる。

個人と国家、ないしは全体社会を媒介し、個人の生活関心を充足するような集団を、社会学では「中間集団」という。これは、コミュニティ、職業集団、学校、企業などさまざまである。中間集団は、たとえるならば個人が「生身」の脆弱な状態で、国家や全体社会と直接対峙するのを防ぐ、クッションのような役割を果たす。個人の直接的所属の場を確保し、同時に国家や全体社会への発言権を増すのである。

エミール・デュルケムは、中間集団への所属と機能こそが、個人の自由にとって不可欠と考えた。逆に、中間集団の媒介機能が失われると、社会は「アノミー（無秩序）」に陥る、と警告している。

かつて企業やコミュニティなどが、強固な中間集団として機能していた時期、個人は、それほど自己責任でリスクを管理する必要はなかった。だが、中間集団の解体と個人化が、人生における選択責任とリスクを高めたのである。

こうした社会のあり方は、現在個人の人生に過酷な様相をもたらしている。

たとえば、労働市場における流動性の高まりは、グローバル化の当然の帰結であり、効率の良い人材配分にも適している。だが、それはあくまでも、労働者が解雇などの憂き目にあった際、次の仕事がすぐに見つかるような、柔軟性のある労働市場という前提が必要である。

一方、今の日本では、失業が即ホームレス化などの、社会的排除と直結している。それにもかかわらず、雇用の流動化が断行されてきたのである。これは、労働者の生活や生命すらも脅かす。たとえば、「派遣切り」に遭った人たちが、派遣村に続々と集まってきたのは、この状況を端的に表している。

二〇〇八年末の「派遣村」報道を見て、最初私は不思議に思った。なぜ彼らは、家族が無理ならば、友人、それに地域の仲間などに頼れないのか。仕事をなくしたからといって、友だちが全員消えるわけでもあるまい。居候先くらいないのだろうか……と。

しかし、その考えは甘かった。彼らはまさしく、「本当に頼る相手がいない」のである。それほどまでに、今日の日本の地域社会や仲間集団などは、機能不全に陥っているということなのだ……。

リスクだらけだよ女の人生は

この間、女性の人生のリスクも、第一章で述べたように、ある意味男性以上に高まった。高度成長期は、「稼ぎ手の夫と専業主婦」カップルを中心とした社会設計と、個々人の生活観・幸福観が、類稀《たぐいまれ》なほど合致した時代であった。だが、「結婚＝男性の経済力に依存した生活」という価値観は、若年男性の雇用環境悪化により、「生涯未婚リスク」を高めた。

好きで選んだ未婚は大いに結構だが、問題は「結婚したいのにできない」者が増えた点である。とりわけ結婚を「最終ゴール」とした人生設計を念頭においた女性にとっては、望む条件の相手と結婚できなかった場合の「人生設計破綻リスク」も高まった。

一方、前述したように女性の被雇用者は、一般に待遇も平均賃金も男性より低い。とくに派遣法改正以降、女性の非正規雇用者は増加し、近年では過半数を超えている。その上、まだまだ家事育児などの負担は重く、就労との両立は難しい。要するに、「社会より家庭に所属すべし」が、世間一般の女性に対する暗黙の要請である。だから、仕事に打ち込んで未婚のまま年齢が上がれば、あっさり「負け犬」と揶揄《やゆ》されてしまう。

ニッポン女子は、これらの矛盾を押しつけられて、苦しいのである。

人は何のために選択を繰り返すのかといえば、幸福になるためにほかならない。だが近年、かつて「普通の幸福」と目され、多くの人が好ましいと感じてきたものが、第一章で述べたように、ハッピーリスクとなってしまった。

「結婚して、専業主婦になって、子どもを二人産んで、郊外に庭つき一戸建てを購入したい」という女性の願望は、かつては多くの人が「普通」とみなしてきたものだろう。

だが、夫一人の稼ぎをあてにした人生設計は、現在共働きよりもリスクが高い。年功序列型賃金体系が崩れて「年々確実に上昇する賃金」の前提が無効化されれば、たちまち「家計破綻リスク」を抱えてしまう。

かつての「普通の家族生活」は、男性労働者が滅多なことでは解雇されず、年次ごとに確実に給与が上がる前提のもと成り立っていた。だが現在、この前提は崩れつつある。

郊外の一戸建て住宅購入という「庶民の夢」も、リスクとなった。土地価格の上昇がかつてほど見込めない上、中古住宅市場が大きくない日本では、「上物」は二〇年もすれば資産価値はない。投資的な価値も低く、「負債化リスク」も高まった。

子育てのために、女性が専業主婦となるのもリスクである。まだまだ「ワークライフバランス」が行き届いていない日本では、出産を機に七割の女性が離職する。正規雇用の女性が離職した場合、機会費用（離職しなければ得られていたはずの生涯所得）は、約九五〇〇万円との試算もある。ちなみに、出生率の回復しているフランスでは、約一七〇〇万円だという。[※二]

さらに、日本の対GDP比に占める教育費の公的負担は、OECD諸国中最低であり、家計支出負担が重い。それゆえ、所得格差が教育格差につながりやすい社会である。家計負担の重さから、子どもを持つこと、ないしは二人目以降の出産をあきらめざるを得ない人も多い。教育の家計負担が重いだけではない。子どもを抱えていると、女性はなかなか職に就けない。稼得能力まで奪われるのである。

その上公営保育所への託児は、まだまだ正規雇用者の女性が優先であり、求職中では難しい。子どもを預けなければ働けないのに、働くには預け先の確保が必須、といったジレンマも生じる。つまり、子どもの存在それ自体が、「家庭運営リスク」となり得る社会でもある。

幸福のリスクマネジメント時代

ニッポン女子は、今、史上稀に見るほど「自己の幸福のリスクマネジメント」を求められている。

しかも近年、女性が安心して一生を任せられるほど安定した稼ぎのある男性は減少している。つまり、ある程度能力のある女性ならば、自力で社会的成功を狙ったほうが低リスクになったのである。

「女の人は、お嫁にいっちゃえばいいじゃない」は、今日通用しない。非婚化・晩婚化のせいだけではない。男性の雇用環境も悪化してきているため、結婚すらも「安心の絶対的礎《いしずえ》」ではなくなったのだ。

そこで、リスクを取ることの重要性を説く勝間の言葉が、俄然輝きを増すこととなる。

※二　西村智、二〇〇三年「子育て費用と出生行動に関する分析」『日本経済研究』四八（三）：四二―五四）

「適度なリスクを取らないことのリスク」や、「リスク・リテラシー」を身に着けることを説く勝間本は、リスクまみれのニッポン女子の心に大いに響く。

リスク恐れるにたらず、と勝間は『会社に人生を預けるな　リスク・リテラシーを磨く』（光文社新書、二〇〇九）で高らかに述べた。「リスクを取れる自由はすばらしい」（二一六頁）と。

ぼんやりしていたら、リスクまみれで沈没してしまう昨今、この言葉は力強い。だが、このまばゆい言説は、リスクに慣れない女子や、本来リスクを取りたくないのに、取らなければならないと思い込む女子まで、増加させてしまったように見える。

実は、私が勝間本に興味を持ったのは、この点からであった。大学や専門学校での講義の際、勝間の名をあげる学生が、目立ってきたからである。

教師という商売柄、私は学生から雑多な質問を受けることが多い。キャリア支援業務をやっていたこともあるので、将来の仕事に関する相談などもよく聞く（私の人生のほうが、お先真っ暗だというのに……）。

それはともかく、勝間の名をあげるのは、いずれも女子学生であった。素直に「勝間さんみたいになりたい」から、「あんなふうにはなれない」まで、肯定にしろ否定にしろ、キャリア形成を目指す若い女性への影響力が大きいことを実感した。

もっとも、最初のうちは、それでも勝間本を読んでみる気にはならなかった。私にとって、勝間和代とは、以前新聞で読んだスーパーウーマンである。女子学生が憧れるのも分かるが、とても自分が参考にできるような人ではなかった。

　だが、ある女子学生の質問を受けたときのことである。

「先生、公務員になるのって、今、高リスクなんですか？」

　と、訊かれた。最初、正直面食らった。

「リスク……？　うーん、どういう意味で？　民間企業への就職と比較した場合？　そりゃあ、民間よりはずっと安定しているはずだけど」

　しかし彼女は、どこか釈然としない顔である。

「そうじゃなくって、その……つまり、公務員を目指すのと、勝間和代さんみたいに、金融の勉強をして、外資系に行ったりベンチャーを起こしたりするのと、どっちがリスクが高いんですか？　どっちにしようか、ものすごく迷っているんです」

　私は、かなり呆気にとられた。しかし、彼女は真剣である。

「どうして、その二つなの？」

　と訊くと、彼女は言った。

「私、とにかく安心したいんです。今、公務員でもクビになるっていいますし。不況で公務員試験の競争率も高いし。勉強しても受からないと、それにかけた時間が無駄になるし、リスクのように思えるんです。それよりも、勝間さんみたいに、自立を目指したほうがいい気がして。……先生、どっちが安心できるんですか？」

これは、少々極端な例かもしれない。

だが、さまざまな現象に目配りすると、以下の結論に行き着く。要するに、若い女性は今、猛烈に「安心したい」のではないか。

そんな実感から、勝間本をはじめとした自己啓発本流行現象の背景にあるものを、改めて検証してみたくなった。

「カツマー」現象と婚活流行は、コインの裏表

今、ニッポン女子は、二極化しているように見える。

一見、勝間本などが流行り、独立心旺盛な女子たちが目立つ一方、最近は若年女性の保守化傾向が目立つ。ぼんやりしていたら結婚できない！　ということから、「婚活」が盛んになってきたのは、その現れである。

白河桃子は、若い女性の結婚意識の高まりを次のように述べた。


酒井順子さんの『負け犬の遠吠え』以降、二〇代女性たちは『ぜったいに負け犬になりたくない』と早くから結婚を意識しています。**結婚はもうデフォルト**（初期設定）**ではないと悟っている世代**です。結婚活動を意識してやっていこうとしているのもこの世代です。※三

二〇代の女性は、「意識しなければ結婚できない」という点に、初めて自覚的になった世代とも言える。この年齢層は、専業主婦願望も高まりを見せている。

たとえば、内閣府の『男女共同参画白書　平成二一年版』によれば、「夫は外で働き、妻は家庭を守るべきである」といった考え方について、二〇代女性は、四割近くが「賛成」と答えた。不思議なことに、これは三〇代から五〇代の女性よりも高い数値なのである。

女性の自立志向と専業主婦願望の再燃。男性諸兄からは、「自立したいんだか男に頼りたいんだか、はっきりしやがれ！」とツッコミを入れたくなる人も多いだろう。単純に、女性がキャリア志向と主婦志向に二分化しているのだと思う人もいるだろう。

だが、これらは、ニッポン女子の「安心欲求の高まり」という意味では、同根なのである。それは主として経済社会環境の激しい変化により、かつて「普通の幸福」であったものが、軒並み高騰していることに起因する。

また女性は、自己防衛意識が男性より格段に強い。これは、女性が「か弱い」からというよりは、社会環境要因が大きい。

繰り返し述べてきたように、日本の経済社会システムは、女性を積極的に守ってはくれな

※三　山田昌弘・白河桃子、二〇〇八年『「婚活」時代』ディスカヴァー携書、四二頁。

い。「女性の居場所は家庭（私的領域）」という大前提があるからだ。たとえば企業では、女性の既婚者からリストラする傾向がある。どうせ旦那さまに食べさせてもらえるのだから、と。若い女性たちは、こうした事実を詳細に知っているわけではない。だが、社会の雰囲気は察知して、不安になっているのだろう。この不安の正体を名指した語が、「リスク」である。だが「リスク」は、いまだ日本に馴染んでいない言葉のように思う。訳語が定着していないのが、その証拠である。「危険」と訳されることもあるが……どうも、しっくりこない。

「リスク」の語源は、イタリア語で「勇気を持って試みる」の意味を持つ risicare との説、「絶壁の間を航行する」の意味を持つ risco との説などがある。いずれも、「選択によってもたらされる、不確実な損害」という語意をふくむ。

言い換えれば、「リスク」とは、人間の自由な選択が可能になった近代市民社会成立以降、普及した概念である。なぜなら、前近代社会では、良くも悪くも「個人の自己決定の裁量範囲」が、格段に狭かったからである。人間の選択可能性とコントロールできる領域の拡大、そしてそれらが社会環境を決定する、との前提がなければ、「リスク」は成立しないのである。

だが、今日《こんにち》日本では、市民社会の成熟をみないまま、この「リスク」の語が一人歩きし、過剰に人々の不安を煽っている。「リスク」は「とにかく避けるべきもの」と誤認され、職業選択など人生の重要な選択にも、多大な影響を与えている……。

この雰囲気は、今日高まりを見せている。周知のように、市場原理主義および新自由主義的傾向の急速な浸透は、社会の様相を大きく変容させ、日本人の心性に色濃く作用した。とりわけ、女性の自己防衛意識への影響は大きい。勝間が指南する「自立」概念の背景にある思想は、市場の正義を支持するリバタリアニズムのように見受けられる。この点も、「正義＝正しさ」が通用しない今日の日本では、受け入れられやすかった。

この不公正な社会で生き抜くには、自己の権利を正しく主張すべきである。そのためには、時間の浪費をせずつねに自己を高め、問題があってもむやみに他人のせいにしない、自立した精神が必要である。

しごく、まっとうな意見であると思う。

勝間の主張は、日本社会の機能不全に対応すべく、生み出されたものであると私は考える。市民社会としても、福祉社会としても未成熟な日本で、とりわけ社会の保護対象外である女性たちが飛びついたのは、必然的とも言えよう。

勝間和代VS.香山リカの論争はなぜ起こった

私が女子学生たちを見て感じていた懸念と、奇しくも同じような感慨を表明したのは、香山リカである。香山は、『しがみつかない生き方「ふつうの幸せ」を手に入れる10のルール』

（幻冬舎新書、二〇〇九）で、精神科医としての臨床経験から、勝間本を筆頭に、自己啓発本に過剰にハマる女性たちの陥る問題を指摘した。
彼女は、現代の「成功者のイコン」としての〈勝間和代〉を目指さないことを提言し、次のように述べる。

社会は本当は偶然と幸運の結果、たまたまいまは成功している、あるいは成功しているかのように見える一握りの人たちと、彼らが「そんな人はいない」「うまくいかないのは自業自得、自己責任だ」と否認しようとする多くの成功していない人たちや絶望している人たちとで作られることになる。（中略）
「あなたもこのメソッドで成功の道へ」というメッセージが世の中にはあふれているが、その道に乗るためには、「失敗することなんてない、失敗する人は本人のせい」という強烈な否認のメカニズムを心の中では起動させなければならない。否認は、それだけでは病的なものではないが、いつまでも続いたり強さが増したりすると、その人を神経症などの病的な状態に追い込む原因となる。（一九六―一九七頁）

香山が日常的に扱うケースは病理であるため、私の場合より内容はきわめて重い。にもかかわらず、同書、および『ＡＥＲＡ』誌上でなされた勝間との対談の内容は、不思議と共通点があった。

それは、勝間に代表される成功者のイコンを過度に追いかけて悩むのは、①圧倒的に女性が多い、②社会の問題点ではなくひたすら自分の改善点ばかりを考える、ということである。※四
この国はタテマエ上、男女平等を謳うが、実質的に女性は社会的な成功がまだまだ難しく、理想と現実のギャップを味わいやすい。そのうえ、自分を投影する分身《アバター》のような相手に、ハマりやすいという特性もある。

また、女性は一般に社会的背景への回路が乏しいため、自己の心理の問題にばかり目を奪われがちである。もしかしたら、社会構造のほうに何か問題があるかもしれないのに、世の中に異議申し立てのアクションを起こす発想が比較的乏しいように見える。

勝間本は、読者が自分との適度な距離を測り、自分なりに解釈し微調整すれば、相応に役立つ自己啓発本である。そして、勝間自身も、自分で考えることの重要性を説いている。おそらく、あまりにも熱心な没入と、完璧な模倣を求めた結果の思考停止は、勝間自身の本来の意図とも異なるはずである。

言わば、勝間は、時代を賢くサバイブするための覚醒をうながす「伝道師」。一方、香山は、覚醒が過剰に進んだとき現れる病者を治癒し沈静をうながす「治療師」である。

※四 「『ふつうの幸せ』に答えはあるか　勝間和代×香山リカ、激論二時間」『ＡＥＲＡ』二〇〇九年一〇月一九日号、朝日新聞出版。

社会における役割が正反対であるため、衝突は必然と言える。

ただ私見では、勝間と香山の「論争」は、人生における幸福の優先順位をめぐる闘争のようにも見える。「効率と所得アップ」が勝間の命題、「ほどほどの幸せ」が香山の命題である。

だが問題は、今の日本には、「しがみつかざるを得ないが、〈勝間和代〉にはなれない人たちが多くいること」だと私は考える。

病気の状態までいたってしまった人は、香山のような治療師によって癒されるほかない。だが、そこまで行かなくても、ぎりぎりのところで、自分や家族を守るため、奮闘している人は大勢いるはずである。彼らの声は、いまだどこにも示されていない。まさに社会のサイレント・マジョリティと言ってもいいだろう。

宗教と資本主義と勝間和代

勝間和代は、正しい。

彼女は、資本主義、とりわけポスト産業化時代の資本主義である金融資本主義の時代をサバイブする方法を、的確に教授している。とりわけ彼女の特色は、資本主義をサバイブする方法を、宗教的次元にまで高めたことであろう。

もともと資本主義とは、マックス・ウェーバーが鋭く分析したように、プロテスタンティズムの倫理である「質素・倹約・勤勉」から派生している。そこでは人間は、「質素・倹約・勤勉」の生活を続ける中から、神に選ばれる栄誉に近づくことができる。

つまり、神に選ばれる条件として、資本を蓄積し、生産を合理化していくことが求められたのであり、そのような手法に長けた者が、より神に近いものとして考えられたのである。

同じように、今日の金融資本主義においては、彼女が言うように、「金融リテラシー」に長けた人間こそが賢い人間であり、そこからあぶれるのは、知識の欠落した勤労意欲のない人間である。彼女の名を世に轟かせた代表作、『お金は銀行に預けるな　金融リテラシーの基本と実践』（光文社新書、二〇〇七）で、勝間は実に明確に述べている。「私は、資本主義というものは、厳しいいい方をすれば『賢くない人間から賢い人へお金が流れるしくみ』だと思っています」（一二五頁）と。

だからこそ、彼女は成功のために勤勉と節制を説き、「日本型プロテスタンティズムの倫理」とも言うべき宗教的命題、仏教の「三毒（妬む・怒る・愚痴る）追放」をもちだす。それを実践することを通じて、この金融資本主義の時代を「賢く」生き抜く方法を、みなに伝えようとしているのだ。

また、その限りにおいて、彼女は必然的に教育の平等を説く。なぜなら、金融リテラシーが、広く遍《あまね》く日本人のすべてに行き渡ったとき、誰もが幸せな生活を送れるという確信があるからだ。そのため、高度な金融教育が不可欠と考えるのは、当然のことである。

しかし、彼女に決定的に欠けているものがひとつあるとすれば、金融資本主義というものが、結局のところ、生産労働の基盤があってこその経済形態にすぎないことについての、忘却である。

彼女は、銀行にお金をためても一％を下回る程度の利息しかないならば、そのようなことは馬鹿げている、それならば投資にまわすべきと、しごくまっとうなことを言う。多くの人は、それに納得するだろう。

ただ、利息というのは、何であろうか。あるいは彼女流に言えば、金融資本主義における「リワード」とは何であろうか。

言うまでもないことだが、お金は、それ自体お金を生み出すことはない。お金が金庫の中で子どもを産むということはありえない。であれば、利息とは何なのか。それは、見方を変えれば、他の誰かの生産労働が生みだした価値を、一部もらい受けることでもあるのだ。

人間は、無から有を生み出すことはできない。

したがって、必ず何らかの形で「自然」に対して労働を行い、そこから初めて「価値」が生じる。

農産物から工業製品、さらには芸術作品にいたるまで、あらゆるものの価値の源泉は、元をただせば「自然の生成力と人間の行動力の賜物」なのである。いかに金融リテラシーが発展しようとも、その事実は変わらない。

このような観点からすれば、彼女が主張するように、日本人が遍く金融リテラシーに長けた国民になったとして、いったい誰が、日々の生産労働を行うというのだろうか。

リーマン・ブラザーズに象徴されるように、金融リテラシーに長けた人間が扱うのは、自分の金ではなく、他人の金である。それゆえ、労働倫理や職業倫理は著しく欠損し、カジノ的資本主義がはびこりやすい。

そのことが、先の世界金融危機につながったのは、記憶にも新しい。

それにもかかわらず、彼らは決して責任を取ろうとはしない。しかも、その尻拭いは、結局金融リテラシーなどとは無縁の生活を送る人々を含む、全国民から徴収された公的資金からなされたのだ。

金融資本は軽やかに国境を越えるが、その失敗の後始末は国家単位で、国民の血税によってなされねばならない、というのは何とも皮肉な話である。

多層な現実のリテラシー

もちろん、金融リテラシーを高めることが、今の世の中に不可欠であるのは、当然であろう。しかし、そのことと、「賢い」「知的である」ということとは、次元が違うと私は考える。

大和総研の試算によれば、〇八年度の一年間だけで、日本の家計が持つ株式や投信は、約六〇兆円も目減りした。これらの損失をこうむった人々は、「賢くなかった」から、その対価を払ったにすぎないのであろうか。

そもそも、本格的に金融リテラシーを身に着け、専門家になるか、あるいはそれに伍するかたちで実践するためには、通常、大学院などで金融を徹底的に学ぶだけの経済力と、投資にまわすための潤沢な資金が必要である。そのようなことが可能なのは、多くの場合、一握りの親の資産に恵まれた人々にすぎない（例外的な天才投資家の話が大仰に語られるのは、それが希少な例だからである）。

そのためアメリカでは、すでに労働生産の分野（労働集約型産業）は、ヒスパニックをはじめとする移民が担い、一部のエリート層だけが金融部門を担うというような、「中間層の崩壊」を生み出してしまった。

そこでは、「しがみつかない生き方」すらも困難な状況が生じてしまっている。残念ながら、日本は今、この道をたどろうとしている。あまりの惨状に、アメリカ型市場原理主義を最初に日本に紹介したとも言える中谷巌が、近年「転向と懺悔」を申し出て、新自由主義批判に転じてしまったほどである。※五

人間の特性には、さまざまな面があり、同じ創造性の面においても、日常生活のインフラストラクチャーや産業経済の分野に長けた創造性を発揮する者もいれば、勝間のように、金融リテラシーの分野で活躍する天才もいる。

これらが車の両輪となって、新興国が躍進する新しいグローバル経済の局面に対応していかなければ、日本の安定した「持続可能な発展」はあり得ないだろう。

大切なことは、価値の源泉を生み出すのは何であるのかを、もう一度振り返ってみることである。

今は、それを見直すいい機会である。あなたが自身の資金を投機によって大いに増やそうとしているならば、その前にふと立ち止まって、考える必要があるかもしれない。

まずそれは、どれだけのリスクがあるのか。

そして、どれだけの成功の可能性があるのか。

仮に成功したとしたならば、その金は、どこから来たのか。

それらをふくめた、「多層な現実」のリテラシーを持つ人が多数現れることを、私は切望する。

一方今、「文学的なる物《リテラリー》」は、極めて旗色が悪い。たとえば、大学からは続々と文学部が消え、あるいは名前を変えられている。卒業した学生の就職先は乏しい。要するに、「役立たないもの」の筆頭と思われているのである。

だが、私は思う。この混乱した世界で他者と協業し、ともに生き抜くために、最も必要とされる能力は、「文学的想像力」ではないか、と。それは、他者への配慮や、現象の背後に

※五　中谷巌、二〇〇八年『資本主義はなぜ自壊したのか「日本」再生への提言』集英社。

あるものについて立ち止まって考える「世界を読む力」でもある。

今、経済学をはじめとして社会科学全般に欠落しているのは、これである。社会とは本来、他者とともにある「人間そのもの」だというのに。

「普通」が壊れていく社会

社会は、「普通の人間」によって大部分が担われている。

だが今の日本では、その普通の人間の普通の幸福が、壊されていっているように見える。中間層が解体していっている、とも言える。前作『黒山もこもこ、抜けたら荒野デフレ世代の憂鬱と希望』(光文社新書、二〇〇八)で書いたのは、その過程でもあった。

私は、平凡な郊外の中流家庭出身である。そのことを強く意識するようになったのは、実は大学院に入学してからだった。周囲の院生たちの親御さんは、比較的裕福な自営業、大学教員、開業医などが目立ち、私のような普通のサラリーマンの娘は、あまりいなかったからである。

進学した当初、経済的なもの以上に、友人たちの文化資本水準の高さと余裕を感じた。一方、わが家は良くも悪くもサラリーマン的勤労倫理観につらぬかれた家庭で、学術研究や芸術のようなことには無関心だった。学部生時代は、学問への憧れこそあれ、「学校を卒業したら普通に就職する」以外の選択肢など、考えられなかった。

『黒山〜』では、気後れして書けなかったことがある。それは、私が大学院に進学できた大きな理由である。学部を卒業して就職した年、母が亡くなったことは書いた。人間、いずれ死ぬのだから後悔のないように生きたいと思ったことも書いた。だが、進学ができたのはそれだけではない。そのとき、生命保険金が入ったのである。これが、私を後押ししてくれた。人生の選択肢には、このようにお金が必要な場合がある。それは否定しないし、重要なことだとも思う。

ただ、勝手な思い込みにすぎないのだが、私は自分の学位にも、そしてこれのおかげで、非常勤とはいえ大学の教員になれたことにも、どこかで母の命がかかっているような気持ちが拭い去れない。だから無駄にしないためにも、普通の人間が感じる違和感を、述べ伝える義務があるように思っている。

普通の幸せとは何か

私は、とりたてて特性のない人間である。小中高と公立で、大学を卒業後、普通のＯＬになった。大学院を出てからも、とくに華々しい活躍をしたとは言えず、万年求職者の状況は変わらない。職はすべて公募の審査を通って得てきたし、今までアルバイトで教えてきた科目は、軽く三〇種類を超える。

そしてこんな凡庸な人間から見ると、勝間は中学から慶應の付属校出身で一九歳で公認会計士試験を突破、香山は医者の娘で、高校生のころから単身上京して医学部を目指してきたような人である。二人とも、どう考えても上流階層の優秀なお嬢さまである。

もちろん、どんなに環境が整っていても、努力なくして公認会計士や医師にはなれない点は、十分承知している。だが一点だけ気になるのは、勝間も香山も、自分たちが上流階層である部分を、括弧に入れて語っている点である。だから多くの普通の読者が、自分に不足を感じてしまうとすれば、むしろあたりまえとも言える。

今日《こんにち》日本人が、こんなに「成功」や「お金」にこだわるようになったのは、急激な中間層の解体により、不安感が広まっているからであろう。この二つは、不安を手っ取り早く解消するのに最も役立つからだ。

しかし、成功はつねにさらなる成功を要請し、お金はいくら持ってもさらなる富を求めたくなるという欠点を併せ持つ。一億円あれば一億円なりの、一〇億円あれば一〇億円なりの、不足と不安を抱えるのが人間である。これは「無限の病」である。

もちろん、あなたが成功やお金もうけの資質や資本を十分にもち、それらを有意義に使いこなし満足している人ならば、問題はない。だが、それらをもたず、ただ不安を解消するためにだけ、闇雲にまい進しているならば、もっといい方法がある。

それは、人とつながりを持つことである。

できれば身近な場所で、もちろん無理をせずに。

子どもを産んでみて実感したのは、「孤立が身にしみる」ということである。小さい子どもを抱えていると、どうしても、地域に根ざしていかねばならなくなる。私はこれまで、一人で生きているつもりであったが、甘かったことを思い知らされた。母も亡くし、日常的に育児について気軽に相談できる相手もいない。不安だらけであった。だから、地域の子育て支援NPOに入ってみた。

私が参加している三鷹市の「子育てコンビニ」代表、小林七子さんに、このNPOの活動趣旨について、聞いてみたことがある。彼女は言った。

「とくに何かをやるというよりは、ともかく孤立育児をなくしたいと思ったんです」と。

私は、この言葉に打たれた。

何か特別な目的があるというわけでもない、ただ良好な近隣との人間関係を築くこと。自分は一人ではないと実感して、日々を過ごすこと。

それが「普通の生活」であり、「普通の幸福」ではないのか。

私は、そう思っている。

この普通が、なぜ今の日本では、ここまで遠く感じられるようになってしまったのか。今こそ、問い直す必要があるだろう。

第五章　『おひとりさまの老後』革命

高齢女性のニヒリズム

ニッポン女子無頼化現象は、実は、若い女性だけのものではなかった。むしろ、高齢女性には当然のことだった。なぜか。それは、平均寿命が男性より長い女性は、結婚していてもいなくても、「老後」はたいてい一人になるから。

言われてみれば、あたりまえのことである。

上野千鶴子の『おひとりさまの老後』(法研、二〇〇七)は、この事実を名指した「革命の書」である。冒頭、上野は端的にこう述べた。

> 結婚してもしなくても、みんな最後はひとりになる。
> 事実、65歳以上の高齢者で配偶者がいない女性の割合は55%と半分以上。うち、死別が46・1%、離別が3・5%、非婚が3・3%、これが男性だと配偶者がいないのは17%と少数派。
> **80歳以上になると、女性の83%に配偶者がいない。**(一二頁、太字は原文)

女子界では、この言葉に全年齢層が衝撃を受けた。

この指摘は、別段目新しいことではない。家族とは、成員のライフステージに合わせて変化するものである。子どもはいつか独立するし、近年、三世代同居を望む人も減少する一方である。これは、家制度が解体された帰結とも言える。残された高齢者夫婦世帯は、いずれどちらかが亡くなり、高齢者単独世帯になる。その多くは女性である。

このように、以前から家族社会学や人口研究の領域では、独居老人(いわゆる孤老族)の多くを高齢女性が占めることは常識であった。だが問題は、このあたりまえが、長年無視されてきたということである。なぜか。それは、社会が高齢女性に無関心であったことによる。

いまだ日本社会は、結婚し、子どもを産み育てるあたりの女性までにしか、関心を払わない。子どもを産まない若い女性には、オジサンたちは躍起になって、おだてたりなだめたりすかしたり、それでもダメなら脅したり悪態をついたりするが、出産可能年齢を過ぎた女性には、見向きもしない。例外は、中高年女性をターゲットとした市場と、みのもんたや綾小路きみまろくらいであろうか。

そんな冗談はともかく、この不条理は、戦後七〇年間、変わっていない。

思うに、ニッポン女子無頼化の根底には、この問題が横たわっていないだろうか。この国では、女子は誰もが、ただ歳をとっただけで、仕事をしていてもしていなくても、結婚していてもしていなくても、結局のところ孤独なアウトローになるのだ。もはやニヒリズムと言ってもいい……。

というわけで、上野がこの事実を一般レベルに知らしめたことは、画期的であった。年齢層を問わず、ニッポン女子の意識が変わってしまったからである。

勝間和代が時代の伝道師、香山リカが治療師であるならば、上野は預言者である。誰もが薄々気がついていながら、あえて言葉にしなかったことを、明確に名指し、世に示した貢献は大きい。この書により、今まで光が当たらなかった「高齢女性ライフの海」が割れ、そこに「おひとりさまの老後道」が開けたのである。

だから私は、〇七年を「おひとりさまの老後革命暦零年」と呼ぶ。一〇年後、二〇年後には、さらに多くの「迷える老羊」が、この預言に導かれるはずである……。

さて、「孤独」は恐ろしいだろうか？　上野は、それに「否」をつきつける。

> 長いあいだ主婦の門限は、夕食のしたくをする時刻だったが、もう大手をふって夜遊びしても、だれからもなにも言われない。
> **これを昔のひとは、「後家楽《ごけらく》」とよんだ。**うるさい夫を見送って、後家になりさえすれば、わが世の春。（一四―一五頁、太字は原文）

「孤独」とは、言い換えれば「自由」でもある。恐れることはない。大切なことは、事実の把握と適切な対処である。この指摘には、女性の思考習慣――あらゆる判断を、個人ではなく家族単位で行う——を、根底から覆《くつがえ》す視点がふくまれている。

「おひとりさま」の哲学

上野の著書で有名になった「おひとりさま」の語だが、もともとこの語は岩下久美子の『おひとりさま』（中央公論新社、二〇〇一）に由来する。岩下は、「おひとりさま」を定義してこう述べる。

> ①「個」の確立ができている大人の女性。②〝自他共生〟していくための、ひとつの知恵。③仕事も恋もサクセスするために、身につけるべき生き方の哲学。④individual ⑤通常は、一人客に対する呼称。（同書、巻頭）

文句のつけようがない、すばらしい生き方の提唱である。一貫した基調は、「個が確立できて初めて、本当の恋愛が成立する」という「自立＝いい恋愛」思想と言える。岩下は述べる。「ひとりでいられない人にいい恋愛はできない」と。

> 人はもともと、ひとりで生まれてきて、ひとりで死んでゆく。最終的に、自分を引き受けるのは自分しかいないのだ。恋愛しても結婚しても、人と

しての根源的な淋しさからは逃れられない。そう、誰とつながっても、人間は基本的に「ひとり」なのである。（一三二頁）

人間は所詮、ひとりで死ぬもの。この主張は、上野の『おひとりさまの老後』とも同様である。また、前述した勝間の『インディペンデントな生き方　ガイド』と同様、岩下は、「自立したいい女」こそ「いい恋愛」が可能になること、若さだけを売り物にする女性は、いずれ限界が訪れる点を強調する。

個人的に、この思想には同意するし、そうであってほしいとも願う。

だが、巨大な問題が、一点残されている。はたして、パートナーたる男性諸氏のほうはどうであろうか、という……。

読者諸兄におたずねしたい。たとえば、ここに「責任ある仕事を持つ、知識も経験も豊富な自立したアラフォー美人」と、「何でも素直に喜び自分を頼りにしてくれる可愛い二〇代の女の子」がいたとする。

諸兄は、いったいどちらを恋愛や結婚の対象にしたいだろうか？　おそらく、後者が圧倒的多数派に支持されるのではないだろうか。一も二もなく前者、というのは相当もの好……もとい、知的好奇心旺盛なナイスガイに違いない。

そう。多くの男性にとって、女性の価値はまだまだ「若さ」と「可愛げ」である。「そんなレベルの低い男、相手にしなければいい」と、岩下なら言うだろう。だが、多くの女性は、その境地まで到達できないのではないか。

恋愛・結婚市場における女性の価値は、経年と経験によって、どんどん逓減《ていげん》していく。悲劇的なことに、今の日本では、女性の場合、人間としての経験や魅力アップが、必ずしも女としての魅力に直結しないのである。

しかし、今までの努力が無に帰すことほど、人間にとって悲しいことはない。それは、自己の人生の意味を、そっくり否定されることだからである。だから、「自立した大人の女＝いい恋愛」物語が、語り手を換えて何度も論じられる必要があるのだ。

いずれ、日本社会も成熟し、岩下の主張するように、男性が女性に求めるものが、若さや可愛げばかりでなくなり、違いの分かる「いい男」が量産されるようになれば、誇り高き女子たちの望みはかなうのだろう。

その日が一日も早く訪れますように、と願わずにはいられない。

結婚帝国の繁栄と崩壊

要約すると、女の幸せは「一人で完結できない」点に、根本的な問題がある。女性の人生は、「男性の伴侶」となってはじめて完成すると考えられているため、女性が自力でコントロールできる領域が狭いのである。

そして、岩下や勝間のような「自立した女性の生き方」を説く女性ですら、「恋愛・結婚」要素を排除しない……どころか、むしろ推奨するのは、先に述べたとおり。『インディペンデント〜』で勝間は、力強く述べる。「六百万円稼げるようになると、つきあう男のレベルが変わってくるのです」(三〇頁)、「自分が年収六百万以上なのですから、相手ももちろん年収六百万以上がいいでしょう」「**できれば一千万円以上の年収の男**のほうが、バランスがいいでしょう」(三三頁、太字は原文)。多くの女子が、これらの言説に勇気づけられたことだろう。

だが、上野は世間に遍く行き渡った「女の幸せ」思想の矛盾と問題点を、最初から看破《かんぱ》していた。この点が、他のどの無頼化女子とも隔世の感がある。

たとえば、信田さよ子との対談集『結婚帝国　女の岐れ道』(講談社、二〇〇四)で、上野はこう述べている。


「結婚という制度がね、女が社会に参入する道なんです」「たんに職業人であるだけでは、女としての存在証明にならないんですよ」「これはジェンダーの病ですよ。『男に選ばれなくても、わたしはわたし』という一言が、女にはなかなか言えないんです」(四一―四二頁)

上野は一九四八年生まれ。団塊の世代である。上野が二〇代であった一九七〇年代、日本は世界に冠たる「結婚帝国」であった。

この時期、男性の生涯未婚率は一％台から二％台で推移し、女性は三％台から四％台だった。平均初婚年齢は、男性が二八歳前後、女性が二五歳になる手前で推移している。

その昔、未婚女性は「クリスマスケーキ」などと言われたものである。二五歳になったら、とたんに「商品価値」が下がるのだとか。今は、「除夜の鐘」である。三一歳の、除夜の鐘をつき終わるまでに……と。

ちなみに、上野と私の母はほぼ同世代である。母は、短大の家政学部を卒業した後、実家に戻り、茶道・華道のお免状をとり、洋裁・和裁学校に通い、二四歳でお見合い結婚した。すでに母の姉は結婚していた。跡継ぎ娘の婿取り婚である。このため、母は邪魔者扱い。二五歳を目前にしての「早く嫁にいけ圧力」は強固で肩身が狭く、焦りながらの結婚であったという……。二四歳の若さで、と思うが、当時はそれが平均的だったのだ。

よく母に言われたのは、「本当は働きたかった」ということ。母は家庭科の教員免許も取得しており、「教育実習がとても楽しかった」「できれば教師になりたかった」とも語っていた。ことあるごとに、「おまえは早く得意なことをみつけて、ひとりで生きていけるように、がんばって勉強するんですよ」とも言われた。

ともかく、女性が主婦になるのがあたりまえだった時代である。だから、上野のような「確信犯的シングル」に対する風当たりがいかに強かったかは、想像がつく。

だが、時代は向こうのほうから、上野の側に近づいてきた。一見、近年の「ジェンダー・バックラッシュ」など、風潮としては保守的なものが目立つが、非婚化・少子化などにより、実質的に「旧来の家父長制的家族制度」の枠内に収まらない者が、増加してきたのである。だが、それは決して、上野のような確信犯的にシングルを選んだ者の増加を意味しない。とりわけ、三〇代女性の多くは、「結婚待機組」である、と上野は指摘する。パートナーを中心とした世界観が、女性を苦しくしている。それにもかかわらず、誰もそこから降りようとしない。だから、上野は必殺技を繰り出したのだ。そんなものにしがみついても、結局は同じこと、と。

「わたしの新しいプロジェクトは、『高齢シングル女性の生き方』っていうものですが、超高齢化社会ではいずれ、遅かれ早かれ、最後は女はみーんなシングルになる。ざまーみろ。わたしのほうが先輩だぜ」「これが希望です。『キミたち、シングルじゃ新人だろう』って」(前掲書、二五〇―二五一頁)

この意図が結実したのが、『おひとりさまの老後』だったのだ。『結婚帝国〜』で語られたこの「希望」という言葉が頼もしく、実は、私は『おひとりさま〜』を発売前から楽しみにしていた。

『おひとりさまの老後』は希望の書か

だが結論から言えば、『おひとりさまの老後』には、大変に残念な点があった。それは、上野の意図した「希望」は、結果的にますます女性の「不安」を煽ることに寄与してしまったということである。

もともとは、シングル女性全般への誇り高き応援書、さらには啓発書として用意されたはずのこの本は、酒井順子の『負け犬の遠吠え』と同様、決定的な欠落を抱えていた。それは、双方とも「勝ち組女性」を中心に語っており、「負け組負け犬／勝ち犬」への視座が乏しいという点である。

『おひとりさまの老後』は、主に団塊の世代以上の、経済的に裕福な女性を対象に書かれていた。たとえば、上野はこう言う。

『後家楽』を楽しむための条件は、健康と時間、それに自由になるおカネと、もうひとつ、自分のための空間だ。おカネのほうは、自分の収入がなかった女性でも、夫の遺族年金が入ってくる」（『おひとりさまの老後』一六頁）。「高齢者のひとり世帯は増えている。どうせ住むなら、建て付けの悪いアパートより、セントラルヒーティングの備わった一戸建てで

暮らすほうが（経済的な問題さえクリアできれば）豊かではないか」（同、四三頁）

だが、その「経済的な問題」がクリアできない層が、どんどん増えてきているのである。負け組負け犬の老後は、夫の遺族年金だってもらえない。

もちろん上野は、他の著作では、負け組女性への言及も怠ってはいない。だが問題は、『おひとりさまの老後』のような超ベストセラーかつ革命の書に、その点があまり組み込まれていなかったという、素朴な事実である。このため、若年層を中心に多くの女性がますます不安を煽られ、いっそう保守化傾向が強まったとも言える。

「預言者」上野は、人々に重大な気づきを与えた。しかし、より「孤独な老後」が不安になったのは、やはり経済的に不安な層だろう。

現在でも、高齢女性は豊かな者ばかりとは限らない。現実に高齢者世帯のうち、単独世帯は夫婦世帯よりも貧困率が高く、とりわけ男性よりも女性単独世帯の経済状況は厳しい。このままでは、この傾向はひどくなる一方であることも予期される。

また、現在の日本社会では、若年世代と高齢世代との社会保障の世代間格差が激しく、社会問題となってきている。とりわけ、私のようなロスジェネ以降あたりは、年金をまともにもらえるのかどうかについてすら、疑問視されている。若年層ほど老後が不安、ましてや経済的に不安定な層は、なおさらである。

上野は、このような批判は十分承知していて、すでに辻元清美との対談集『世代間連帯』（岩波新書、二〇〇九）でも答えている。同書には、既存の家族世帯を中心とした制度設計の問題点や、子ども手当てへの革新的な議論があり、それらは大変興味深いものであった。

だが、同書もまた、若年層の被った根本的な不公正をいかに克服するかを、明確に示したとは言いがたい。経済社会構造や、人口構成比の変化がもたらした社会保障の世代間格差といった要素は、現在、若い世代ほど不利に働いているというのに。

繰り返し言うが、戦後日本では、一貫して女性労働が雇用の安全弁の役割を果たしてきた。それは、「家族賃金」の前提があったからである。だが標準世帯も減少し、日本型雇用慣行も瓦解しかけ、若年パラサイト層を寄食させてきた親世代も、余裕がなくなってきている。今、この国で、「女性・若年・非正規雇用者」とは、社会の矛盾をダイレクトに被《こうむ》る、きわめて過酷な層である。

この点については、もはや私たち、およびそれより若い世代自身がさらに検討し、語り続けるしかないのだろう。

もう一点、少々引っかかった箇所がある。それは、「『ずっとシングル』も『シングルアゲイン』も、なってしまえば結果は同じ」（一四頁）という記述である。

たしかに、ひとりで老後をすごすという状況は、傍から見れば同じことかもしれない。だがこの見解には、人間の人生の内実についての視点が、根本的に欠落しているように思えた。

ふと、考えた。そもそも統計などでは「高齢者単独世帯」として計上される人たちの生活や人生の内実は、なかなか見えない。質的調査によってある程度近づくことはできても、それを大枠での「高齢社会対策」などに活かすことは難しい。だから結局のところ、個々のお年寄りの人生のうち、量的調査や事実調査からはみ出てしまう部分は、切り捨てられていく。だから、上野千鶴子という、日本最高峰の女性学研究者は、奇しくもここに現在の社会学や社会政策の到達点と限界を、同時に示しているのかもしれない。

「女のシアワセ」問答とおひとりさま

『おひとりさまの老後』が明らかにした事実を、さらに述べたい。それは、「女の幸せ」についての、世間からの余計なツッコミが、いかに執拗かつ不当であるか、という事実である。一般に、「やっぱり女の幸せは結婚・出産」「子どもを産んで一人前」と言われるが、それだけではない。離別や死別を経験した一人暮らしの女性に対して、よくかけられる言葉がある。それが、「おさびしいでしょう」……。

上野は、この手の言葉に対する怒りを隠さない。いわく、「**わたしはプッツン来た、おおきなお世話だ**」（上野、前掲書、四二頁、太字は原文）と。ここは大いにうなずいた。そのとおりである。女の人生は、このように、他人から大きなお世話をいただくことが多い……。

私は子どもを産んでみて、これとは一見、正反対の言葉によく出会うことに気がついた。

それは、「お幸せそうですね」。

たとえば、乳幼児を抱えてのデタラメ生活は、日々時間と体力との戦いである。仕事が切羽つまっていても、子どもはお腹を空かせるし、自由奔放におしっこもうんちもする。おねむになればぐずるし、淋しいときにもぎゃあぎゃあ泣く。夫との育児連携プレイのため、話し合いの手間も増える。しかも、忙しいときに限って熱を出したりする。

実は、本章はほぼ全域に渡り、二歳になったばかりの息子に膝に乗っかられているか、背中に張りつかれている状態で書かれたものである。片手でおやつを与えながら書いている箇所もあった。ちょっと目を離した隙に、原稿に意味不明な記号を書き込まれていたこともあった……。

とまあ、このような話をすると、にこにこしながら言われるのである。

「いやあ、お幸せそうですねえ」と（たいてい、相手は「オスの年輩勝ち犬」さんである）。

……人の話を聞いてるのかゴルァッ！　という気にもなるが、相手は笑顔である。悪気のかけらも見られない。小心者の私は、ついつられて笑顔……。

そして、思ったのである。これはひょっとして、「おひとりさま」を不幸と決めつける風潮と、表裏一体ではないのか、と。

「女の幸せ」観がニッポン女子を不幸にしている

上野が指摘するように、一人暮らしの女は、たとえどんな豪邸に住んでいようとも、いやむしろその広大さゆえにいっそう「おさびしいでしょう」と言われてしまう事実。一方、子どもがいる女は、目の下にどす黒い隈をつくっていても、もしかしたら育児ノイローゼ寸前でも、「お幸せ」……。

たしかに、「不幸そう」と決めつけられるよりは、「お幸せですね」と言われるほうが、一見百万倍マシである。だが、この雰囲気は、母親は「幸せ」なはずだから、基本的に何も手助けする必要はない、という結論にも結びつきがちである。

日本の児童福祉や少子化対策の貧困さ加減の背後には、この感性が潜んではいないだろうか。

日本の母親は、育児の問題を一人で抱え込むケースが多いが、ひょっとしたら、この「子どもを持つ＝幸せなはず」言説が、追い討ちをかけているのかもしれない。

子どもはいくらかわいくても、育児は大仕事である。そして、母親一人の時間と体力、さらには育児にかかる家計負担にも、限界はある。さらに、子どもがいる女性は、稼得能力まで奪われる。それらを、「お幸せ」の一言で済ませてしまっていいのか？

思うに、「女の幸せ」観こそが、ニッポン女子を不幸にしていないだろうか。

私に関して言えば、率直に、子どもはかわいい。正直、こんなにかわいいと思うとは意外であった。子どもを抱っこするのは、何物にも代えがたい幸せである。世の中にはいろいろと、やりがいのあることや、楽しいことはあるが、子どもを抱っこすることほど幸せなことはない、とも思う。

しかし、それはあくまで私自身が、他の私が享受し得る種類の幸福と比較しての価値観である。他人が「結婚・出産こそが女の幸せ」と、女性の幸せを決めつけるのは論外である。

率直に子どもをかわいいと思えるのは、私が納得できる時期に産んだから、という点も大きい。高齢出産のいいところは、母親が自分の人生に十分納得して産める点である。そのせいか、今のところ子どもが憎いとか、邪魔だとか、そういった感情だけは、浮かんだことがない。大変ではあっても……。

一方悲しいのは、確率論になるが、子どもと人生をともにできる年数が、若くして産んだ人に比べ短くなりがちという点である。

昨今晩産化が進み、高齢出産する母親についても、いろいろと言われる。これも、「女の幸せ」言説とリンクしている。「出産・育児の体力が心配」「親が高齢では子どもがかわいそう」「将来の経済的負担が」云々、枚挙に暇がない。

もちろん、それぞれに切実な問題ではある。だが、この「ともに生きられる時間が短い」

という根本的な悲しみに比べれば、どれも小さな問題のように、私は思う。

産むか産まないか、あるいはいつ産むのか。どの長所と短所を選ぶのか、どの幸福と悲しみを選ぶのかは、当の女性自身の手にゆだねられるべきである。

人は、他人に助言したり、ともに悩むことはできても、幸福や不幸の定義を押しつけることはできない。だから、誰もが他人の幸福と悲しみを尊重する社会になってほしいと、心から願う。

そう、「余計なお世話」をつっぱねなければならないことが多すぎるから、ニッポン女子は、どんどん無頼化するのである。

第六章

ニッポン女子
無頼化現象が示す真実

さらに無頼化は多方面へ展開

リーマンショックによって「いざなぎ越え」も終わり、世界不況に陥ったとき、女子界にも新たな動向が現れた。それまで、男性が好むとされてきたシブい趣味領域にハマる女性たちが、多数現れたのである。

女子のオヤジ趣味……といえば、たとえば一九九〇年流行語大賞をとった中尊寺ゆつこの「オヤジギャル」などが浮かぶが、私見では、今回のブームはもっと根が深い。理由は後述するとして、まずは現象面を見ていこう。

代表的なのは、二〇〇八年くらいから注目されだした「歴女《れきじょ》」であろうか。ご存じの方も多いと思うが、「歴史好きの女子」という意味である。

歴史といっても、主として日本史、とくに戦国時代の武将や、幕末の志士などが人気である。日本史以外では、「三国志」も人気である。

東京・神田小川町にある戦国時代もの書籍や雑貨の専門店「歴史時代書房　時代屋」は、〇六年二月開店当初は、客層はほぼ中高年男性だったが、〇七年頃から若い女性客が増えはじめ、現在では四割が女性の客という。

一般に、彼女たちが増殖したのは、戦国時代をテーマにしたゲームや漫画が増えたためとされる。凝り性な女子たちは原作本を読み、「歴史通」になる者が増えたのだとか。

たしかに「戦国BASARA」「戦国無双」などのビジュアル系武将が活躍するゲームに、戦国が舞台の漫画やライトノベルの隆盛など、女子が入りやすいきっかけは増えている。二〇〇九年大河ドラマの「天地人」は、あきらかに女子受けを狙ったシナリオ＋キャスティングであるし、こういっては何だがBL臭も漂《ただよ》っている。

歴女ブームは、依然としてつづいている。雑誌『歴史街道』も、読者の四割が女性になり、好きな武将ゆかりの地などへの旅行客も増加した。

城への訪問者も増えている。たとえば、二〇一一年度、一二年度と二年連続訪問者数二位となった熊本城は、〇八年の本丸御殿の公開以降、格段に入場者数を増やした城だ。熊本城は、城の復元・整備事業に一万円以上寄付した人を「一口城主」にする制度を設けたことも、入場者数上昇につながった。一二年度入場者数一〇位となった小田原城は、何と一九年ぶりに四五万人超えとなったという。他にも、姫路城、名古屋城など主だった城は、近年軒並み入場者数が増加している。

女子の心はもはや戦国

個人的な感慨だが、以前から女子ゲーマーは戦国好き・歴史好きが多かった。私も基本戦国ゲーム「信長の野望」シリーズは、「覇王伝」以降、ほぼ全作プレイしている（セガサターンのパワーメモリのデータ消失加減には、泣かされた）。

旅行に行くと、つい「ここはどこのご家中だったかしら」と思ってしまう習慣が抜けない。中原中也賞をもらったときも、山口市での授賞式スピーチで、「さすがは大内家のご家中、文化度の高さを感じます」と、うっかり言ってしまったほどである。だが、これはそんなに特殊なこととは思わない。

たまたま最近注目されるようになっただけで、女子ゲーマーは、もともとかなりの確率で戦国好きであると思う。まったく別種のシミュレーション・ゲームの攻略チャットで、なぜか戦国好きの女性ファンと出会い、車掛《くるまがかり》の陣や鶴翼《かくよく》の陣について「テレホーダイ」タイム中、語り明かした晩もある（あのころは、ダイヤルアップ接続だったっけ）。お互いに、陣形萌えだったので……。

歴女たちがハマるのは、血なまぐさい時代を疾走した人物たちである。なぜだろう。同じ歴史ならば、お公家さんが蹴鞠《けまり》をしたり、涙で袖を濡らしていたような時期だっていいではないか。

そういえば、私が中学生のころ、読書仲間の女子たちは「源氏物語」ファンが多かった。どの姫が好きか、というのが主たる話題で、花散里《はなちるさと》の君だの明石の御方だの若紫（紫の上になってしまうと、何だかつまらない）だのと言い合っていた。それが今や、国や首を取ったり取られたり、偽の矢文を放ってみたりである……。

いや、あえて言おう。

現在、無頼化が極まったニッポン女子の心情は、猛将群雄割拠の戦国時代なのである。悲惨な経済社会状況の最中、戦国化した自身の心情を重ね合わせられるのは、生きるか死ぬかの時代を雄雄しく生きた男たち。

もしかしたら、周囲の男子が、軒並み「草食系化」していることへの物足りなさもあるのかもしれない。

光あるところに、裏女子カルチャーあり

女子カルチャーには、陽の当たる分野で喧伝される「表カルチャー」と、それらについていけない女子たちがこっそり愛好する「裏カルチャー」がある。

八〇年代は「女の時代」と呼ばれ、「クリエイティブなお仕事」や華やかな消費生活、恋愛遍歴の謳歌などが横文字女性誌で喧伝された。これらが要請したのは、主体性をもちコミュニケーション能力の高い活発な女性(消費者)像である。

だが、この時期、まさに「表女子カルチャー」についていけない層が、「腐女子」の源流である「やおいカルチャー」を生み出したのである。この点については、拙書『黒山〜』で

詳細に論じたので参照していただきたいが、ともかく。

光あるところに、影あり。

光あるメジャー女子カルチャーの影に、マイナーな裏女子カルチャーあり。

なのである。

腐女子の好むBL《ボーイズラブ》は、周知のように美少年同士のラブストーリーを描いたもので、多分にポルノグラフィ要素をふくむ。ちなみに、もちろん男性向け文化にもポルノグラフィはあるが、男性文化は通常、主流文化（メインストリーム・カルチャー）として流通しているため、裏女子カルチャーほどの屈折はもたない。

裏女子カルチャーは、サブカルチャーの中のマイナー面なのである。だが、マイナーであるがゆえに、むしろネット空間などの中では多数派となっていったという経緯もある。たとえば、女性向け二次創作などでは、むしろやおいが多数派であり、通常のカップリングものは、いちいち「ノーマルカップリング」と銘打っているものが多い。

腐女子は表立って男社会と張り合わず、フェミニズムや思想的理論武装などにも興味をもたない。だが、男性中心社会をロマンスに読み替えることに楽しみを見出し、結果的に「女性排除的《ホモソーシャル》」な社会を戯画化することに成功している点が興味深い。

そして、この腐女子と歴女は親和性が高いのだ。戦国武将や幕末の志士たちは、まさにホモソーシャルな武装集団。ついでにいえば、セクシュアリティも今日のように男女の組み合わせ《ヘテロセクシャル》だけではなく、お小姓システムなどの美少年愛好制度があった。

もちろん、親和性は高いものの、歴女＝腐女子ではない。だが、死を賭した男同士の結びつきに萌える点は似ている。

現代は、人間同士の結びつきが希薄であり、先に述べたように中間集団も解体してきている。家族であっても互いの行動範囲をすべて把握しているわけではなく、あらゆる行動が「個人化」してきている。

そんな中、生き残るために強固な絆をもち、力を合わせて敵と戦う武将たちの姿は、女子たちの感動を呼ぶのかもしれない。

思い返せば、九〇年代は、バブル崩壊後の働く女性の苦境を一身に背負ったかのような東電OL殺人事件がおき、女子界にうごめく闇の濃さを世間に知らしめた。

つづくゼロ年代は、サバイバル・エリートが実社会を闊歩する一方、現実のサバイバルよりも架空のサバイバルを愛好する女子が登場した……というのは、少々うがった見方であろうか。

内向きなニッポンの私

歴女には、サバイバル感覚だけではなく、もう一点重要な特徴がある。それは、「自分たちのルーツの確認」欲求という側面である。近年、景気の低迷のせいか、日本人の感性が内向き傾向になっている。たとえば、若年層は海外留学や海外旅行などにもあまり興味を示さなくなり、代わって国内に目が向いてきているという。

もちろん、昨今は若年層の可処分所得が減ってきているという点も否めない。だが、思うに今の若い世代は、海外はお金がかかるから出かけない、というだけではなく、最初から選択肢に入ってこないように見えるのだ。これだけグローバル化が進展し、毎日のように海外の情報が入ってくるというのに。いやむしろそれだからこそ、なのだろうか。

海外に行くには、それなりにパワーとエネルギーが必要である。どうも、それもネックになっているらしい。

海外から帰ってくると、日本は「言葉が通じる」ということ以上に、「言葉を使わなくていい」国であることを、改めて思い知らされる。無言でも、あらゆることが、スイスイ進んでいく……。それは、こちらから訊かなくても、うるさいほどに相手がアナウンスしてくれるからだ。

そういえば、カリフォルニア大学サンディエゴ校にゲストとして呼ばれて帰国する際、サンディエゴ空港からロサンゼルス行きの飛行機が、時間になってもなかなか来なかった。……どころか、ロビーでは、私の予約していた便のナンバーが、何も説明がないまま、別のナンバーに架け替えられてしまった。

ロスで乗り換えて日本に帰る予定であったので、私は焦った。どうなってるんだ、飛行機はいつ来るんだ……と。しかし、いつまでたっても何の説明もない。それなのに、誰一人訊きに行かない……。

恐る恐る職員に聞きに行くと、「しばらくしたら来るから、ここで待て」とのこと。ベンチに戻ると、タイ人だという中年男性に、「日本人か?」と言われた。「そうですが、なぜ分かったのですか?」と訊くと、笑いながら「こういうとき、一番最初に席を立って職員に質問に行くのは日本人だからね。で、飛行機はいつ来るって?」とのこと。そうですか、私、典型的日本人行動でしたか……。

ああ、こんなとき、成田あたりだったら、がんがんアナウンスがかかるだろうなあ……。そして、それでも不安がって職員に詰め寄る人も大勢いるだろうなあ……。女性職員たちが、怒った客をなだめてまわるんだろうなあ……。

彼我の差を、しみじみ思った。

お客なら、言わなくても相手に奉仕されてあたりまえ、の日本人感覚では、自分から問わねば話が進まない海外は、ひどく疲れるのだろう。その差異を楽しむ余裕も、あまりないのだろう。

しかし、若い世代が海外に出ないのは、単に「楽ではないから」だけでもないようである。なぜなら、あえてあまり便利とは言えないローカル鉄道旅なども、ひそやかに女子たちの間で盛り上がってきているからだ。

近年、「歴女」と並ぶシブい女子の趣味に、「鉄子」がある。鉄道を愛好する女子を意味する言葉である。二〇〇二年から〇六年まで連載された、菊池直恵によるノンフィクション漫画『鉄子の旅』のヒットなどに触発され、従来男性の、しかもどちらかといえばマニアが多かった鉄道に、女子ファンが増加してきている。

この趣味もまた、「ルーツを探る」方向性を持つ。

近年、日本の風景が均質化してきている。ロードサイドに立ち並ぶチェーン店などが、地域の独自性を消去して久しい。

だが、ローカル鉄道をたどってみると、そこにはかつて輸送線が引かれた根拠があり、産業や文化がある。そして、かろうじて均質化される以前の日本の風景を垣間見ることができる。

鉄子増殖の背景には、郊外の大型ショッピングセンターが立ち並ぶ均質化された風景に対する、無意識の喪失感があるのかもしれない。

歴史にしろ、鉄道にしろ、そこに見出されるのは、時間や空間を再構築する視線である。それは、失われた自己(の根拠)を取り戻したい願望にも結びつく。この国の人たちが、今、何より心のよりどころを渇望していることの現われかもしれない。

郊外型新ヤンキー文化がニッポンを覆う

ゼロ年代には、このような郊外の風景を前提に量産された物語がある。それが、ケータイ小説である。

ケータイ小説ブームは、若年・地方女子たちのやさぐれた「気分」を示す、大きな現象と言える。

ケータイ小説は、現在、一時期のブームは去ったとされるが、それでも二〇〇六年一二月から〇七年一一月までの期間、書籍化された携帯小説は、「文芸書ベストセラー」の上位三位までを独占するなど、大変な人気を博していた。このため、この現象をどう見るか、あるいは「ケータイ小説は文学か」などの議論がなされていった。

隆盛の時期を振り返ると、二〇〇〇年に書籍化されたYｏｓｈｉの『Ｄｅｅｐ Ｌｏｖｅ』からはじまり、携帯サイト『魔法のｉらんど』の投稿小説が人気となったことから、若い女性同士の自分語り的要素が強くなる。この路線を確実にしたのは、Ｃｈａｃｏの『天使がくれたもの』（スターツ出版、二〇〇五）であり、その後映画化もされた美嘉の『恋空〜切ナイ恋物語〜』（スターツ出版、二〇〇七）、メイの『赤い糸』（ゴマブックス、二〇〇七）などが続々登場していった。

いわゆる「ケータイ小説」としてイメージされるのは、この『天使〜』以降の作品、本田透が「リアル系ケータイ小説」と呼ぶタイプのものであろう。

その特徴は、一般に、①若い女性の日記と地続きのような体裁をとっている、②レイプや不治の病、不意の事故死など、生死や性がモチーフとなった事件性が突出している、③固有名や情景描写が乏しい（たとえば場所の名前も特定されず、「海」「駅」などで済んでしまう）、といった指摘がなされている。

速水健朗は、このような傾向を、郊外空間で展開したヤンキー文化のひとつの結実として読み解く。「携帯電話の普及が、郊外化という現代の兆候に変化を与えているのだ」と。それは、共同体が解体されゆく一方で、「新しい『地元つながり』が維持され、再生産されるベクトルも生まれているのだ」と。また、速水は、こう指摘した。

> 彼女たちが「自分語り」をするために借用した言葉たちである、浜崎あゆみ、『ホットロード』『ティーンズロード』も、同じライン上に並べることができるだろう。これらを結ぶキーワードとは、ずばり「再ヤンキー化」「ヤンキーの聖地回復《レコンキスタ》」である。[※一]

一見クラシカルな響きを持つ「ヤンキー」の語。だが、この語が示す内容は見かけ以上に重要である

ヤンキー文化拡散説

「ヤンキー」とは、八〇年代から九〇年代にかけ、不良少年少女全般をさした言葉であった。語源には大阪の「やんけ」説、アメリカ人のヤンキー説などがある。このヤンキーが全盛であった時代は、校内暴力や暴走族などが社会問題となっていた。

私の通っていた公立中学校でも、夏休み明けなどでは必ず、ボンタンの上にアロハシャツを着用し、髪型はリーゼントにつきたてた先輩たちが暴れ、一度は教師を骨折させて新聞に載ってしまったこともある。どこのクラスにも、こういったヤンキーに属す女の子のボスがいて、教室の裏の権力を握っていた。

私は神奈川県相模原市の出身で、国道16号沿い育ちである。無臭化されていく郊外の風景と、農家の点在する場所で育った。毎年のように、新しい大型ショッピングセンターができたというチラシが、舞い込んできた。

「ファスト風土」(三浦展)の展開する最中、ヤンキーの先輩たちは、卒業しても改造原付バイクで中学校にやってきた。畑と、養鶏場と、同じ区画が並ぶ住宅街の中に建てられた公立中

※一　速水健朗、二〇〇八年『ケータイ小説的。〝再ヤンキー化〟時代の少女たち』原書房、一三六頁。

学の周囲を、大仰な音を鳴らして走るヤンキーたち……。窓に鈴なりになる後輩に手を振るのが、楽しくてしかたないようだった。

だが、そんなヤンキーたちも、次第に見かけなくなっていった。八〇年代半ば過ぎ、高校に進学したころから、私の周囲の少し不良がかった女の子たちのスカートは短くなっていき、その後のコギャル登場を予期させるようなスタイルになっていった。ポスト・ヤンキー少女、ルーズソックス前夜の女子高生たちである。まだ、「エンコー」（援交）など性のカジュアルな商品化は、話題になっていなかった。

その過程でいつの間にか、地元商店の息子たちを中心にしていた暴走族が、消滅していった。実は、私の実家の目の前の広場が、近所の暴走族の集会場だったのである。夜中集まる暴走族の音に悩まされていたのだが……やはりこれも、女子のスカートが短くなっていった時期、ぴたりとやんだ。

おそらくどこの郊外でも、そんな光景が見られたのだろう。こうしてヤンキー文化は、拡散していった。本来宿っていた「ヤンキー」という実体を失ったためか、さまざまなものに憑依し、その魂は引き継がれる結果となったのだ。

たとえば、ナンシー関が指摘したように、芸能界はヤンキー美学をかなりの濃度で受け継いでいる。ヤンキー本体には抵抗感のある層も、無意識のうちに馴染んでいるという点が、ヤンキー美学の根深さである。

今日、一般女子の間にもヤンキー的センスを踏襲する美学は広く普及している。たとえば、現在年齢層を問わず「身だしなみ」と化したネイルアートなどは、私見ではかなりヤンキーっぽい。デコラティブ、末端の肥大化、光物、攻撃性の想起など、複数のヤンキー特性を満たすからである。

ネオヤンキー女子はワークライフバランスのネガ（?）

文化的紆余曲折とケータイの普及などコミュニケーション形態の変容は、速水の指摘するように、新しい共同性《コミュニティ》のあり方形成に寄与したようである。

都心を中心とした物語を最初から視野に入れず、まったりとした仲間関係だけが「世界」。かつて大人たちは、これを閉塞感と呼んだだろう。だが、彼らはそこに、自分たちの日常以外を見出さない。

外部、たとえば商品経済のまばゆさや、中央集権的価値体系を最初から視界に入れない、対抗軸のない若者文化に属す女性たち。それがケータイ小説の書き手であり、読者であった。

そこが、従来のヤンキー文化とは大きく異なっている。かつてのヤンキーは、たとえ仮想敵であったにしても、何か巨大な敵を想定し、それへの対抗、ないしはそこからの逃走として、暴走や暴力行為を選んだ。

もはやそこに対抗軸は存在しない――のだが、一方、そこで醸成される文化は、おそろしく旧来のホモソーシャルな特性を持つ。たとえば、男の友情と女性の交換（アイツを頼むといって死ぬ彼氏の物語など）は、その典型と言える。※二

ヤンキー文化は、外敵を失ってひたすら内部の秩序維持とそのための女性排除へと向かった、とも言える。

草食系化が進んだとされるニッポン男子だが、ヤンキー系男子は、まだまだワイルドでバイオレント。その矛先は、女子へと向かうことも珍しくはない。酒井順子は、ヤンキー文化と親和性が高いキャバクラ嬢御用達雑誌『小悪魔ａｇｅｈａ』で、あたりまえのように語られる、赤裸々なＤＶトークについて言及している。※三

外部への脱出口のない集団に属す者のうち、よりつらいのは「若年」「女性」である。だが、ヤンキー女子はそれらを社会へ回収するための回路をもたない。その結果、救済を求める願望は、ひたすら汚れなき純愛へと向かう。

ケータイ小説のヒロインたちがレイプされることが多いのも、そのためである。類としての男に汚されたヒロインが、個としての恋人に救済されるストーリーは、脱出口をもたない女子たちの唯一の希望なのだ（しかも、その相手は死に、愛だけが純化されたりする）。

上野千鶴子が指摘したように、もはや日本では、非婚化・少子化などにより、家父長制的家族像を具現化できる層は、減少しつつある。だが、一〇代の少女の出生率だけは上昇傾向

にあり、唯一産むことに親和性が高い層とも言える。もちろん、すべてとは言わないが、こうした少女はヤンキー属性である確率が高いと推測される。

そう、ヤンキーの系譜を引き継ぐ女子たちは、一見最も無頼化しているが、最も従順な層でもある。超少子高齢化が進行中の現在、女性の「望ましい生き方」として推奨されるのは、「仕事も出産も」というワークライフバランス道である。だが、先述したように、社会の「望ましい」像は、必ずネガを生み出す。

ワークライフバランスの場合、念頭に置かれているのは「ホワイトカラー・正規雇用の女性が、家事育児協力に理解のある夫とともに、産休・育休を取得しつつ子どもを産み育てる像」である。

だが、現在の雇用慣行や、とりわけ女性の待遇を改善せず、ただ子どもを産むことを推奨すれば、おそらく「パート労働でフルタイム並みに働きつつ家事育児を全面的に引き受けて三人以上子どもを産むことを奨励」へと落とし込まれるだろう。

この裏メッセージをいとわず実行するのは……そう、ヤンキー女子なのである。

日本社会は、実はヤンキーに好意的な文化土壌を持つ。たとえば、「不良」「ヤンキー」は

※二　石原千秋、二〇〇八年『ケータイ小説は文学か』ちくまプリマー新書。
※三　酒井順子、二〇〇九年「女子のヤンキー魂」『ヤンキー文化論序説』河出書房新社、五二—六三頁。

性格がいい、心が純粋だという神話はいまだ流布されている。最初から優等生だった者には見向きもしないが、「更生したヤンキー物語」は大好き。「ヤンキー先生」は大いにもてはやされ、今では議員である。

この土壌をもとに、現在日本社会は、こっそりネオヤンキー女子量産を奨励している、という仮説を立ててみる。すると、無頼化女子に歯止めをかけるのにちょうどいいことばかりが浮かび上がる。

「無頼化女子＝自立して一人で生きていく女性」の大量発生は、たしかに新自由主義的趨勢《すうせい》には適合的な個人像だが、これがいきすぎると少子化がさらに進行し、家族世帯をユニットとした社会制度設計が内側から崩壊する。

一方、ヤンキー女子は早く「大人」になりたがり、家族を大事にし、若いころから子どもをたくさん産み、「低賃金の非熟練・非正規雇用」に文句を言わず、男社会の諸矛盾にも異議を申し立てない。さらに、生まれ育った地域を愛し、そこから出ようとしないので、地方の過疎化対策にもなる。

だから、ニッポン女子をサバイバル・エリートとネオヤンキーに二分化し、生産性の高い労働力と、育児・周縁労働力に配分すれば、今のこの国の問題はかなりの部分解消できる（ただし、女子の労苦は果てしなく増えるが）。

……何ということだ、完璧じゃないか。もしかして、ケータイ小説流行などの「再ヤンキー化」現象は、国策だったのではないか!?

というのは、もちろん冗談である。

ニッポン女子の無頼化は止まらない

最後に、根本的な問題を取りあげてみたい。実は、女子の無頼化現象はつねに増産体制にあるのだ。たとえば、女性の無頼化といったとき、多くの人がまず念頭に置くであろうものに、「女性の言葉の乱れ」があげられる。

「最近の若い女の子の言葉遣いは、なっちゃいない」というのが、常套句。乱暴だ、男言葉を使う、正しくない、品がないなど、枚挙に暇がない。近年のカタカナ基調の罵詈雑言を駆使する女子には、眉をひそめる向きも多いだろう。

だが、この批判、実はどの時代においても言われ続けてきたものなのである。たとえば日本では戦後五〇年間、メディアは「女らしくない言葉遣い」を批判し続けてきた。[※四]「女の話し方イデオロギー」の起源は古く、鎌倉・室町時代、儒教思想にもとづく女子の心得を記した「女訓書《じょくんしょ》」にもその記述があるが、当時は、言葉遣い云々以上に、「女は話すな」が基本であっ

※四　女の言葉イデオロギーについての考察は、中村桃子、二〇〇七年『「女ことば」はつくられる』ひつじ書房、に詳しい。

た。その基調は江戸時代まで続き、明治維新後、良妻賢母教育思想のもと、子どもの教育のために言うべきことは言うことが奨励されたが、あくまで「必要最小限の発言」である。

さて、ではなぜ「最近の女性」の「言葉の乱れ」はつねに批判されるのか。「最近の」といった場合、そこには「昔の女性は女らしい言葉遣いをしていたはず」との前提が、おのずとはらまれる。

だが、この前提自体が、フィクションなのである。

女性の話し方は、つねに「あり得べき過去の理想像」と比較されるため、過去の正しい文化規範からの逸脱として語られる宿命を背負っている。

そもそも、何が「正しく」て「女らしい」言葉遣いなのかは、時代的状況により異なる。たとえば、今ではきわめて女らしいとみなされるであろう「てよだわ言葉（よくってよ、知らないわ）」も、明治期の女学生が使い始めたころは、生意気ではすっぱな言葉とみなされていた。今なら女子高生が「ヤバい」「キモい」「ウザい」と言っている語感であろうか。

言葉は生き物であり、当該社会の文化状況を如実に反映したものである。生きた女性が使う現在の言葉は、脈打ち呼吸し現状を表現する。だが、それを「乱れ」に回収することで、女性独自の文化は、つねに一過性の流行に回収されてしまう。

そもそも、日本が明治期に「国語」を創設したとき、この人工語は、過去の伝統を守りつつ近代化の推進に寄与するという、相反する二つを同時に達成することが求められた。

このとき、女性性に担わされたものが伝統であり、男性性に担わされたものが未来であった、と中村桃子は指摘する。[※五] 現在でも、多くの人々が女性の言葉づかいに敏感なのは、それが伝統、社会秩序、日本人のアイデンティティなどが「安全に」保たれていることの象徴だからである。中村は言う。

先行きの分からない不安を抱えていても、女が「女ことば」を話している限り、日本の伝統は安心なのである。わたしたちが、どのようなことばの乱れよりも、「女性の」ことばの乱れが気になり、女性が自分の予想したように話していないと、まるで自分が卑しめられたかのように腹が立つのは、日本人のアイデンティティが現在でも不安定であることの裏返しなのかもしれない。[※六]

この感覚は、実は言葉だけではなく、女性の振る舞い、態度、言説すべてに関して当てはまるものである。

かつてのあり得べき像と比較し、「最近の女の子はなっちゃいない」という言葉は、繰り返し述べられてきた。吉田兼好は、女性が大口を開けて笑う様子を批判し、すべての人間の

※五　同、二五八頁。
※六　同、二六一頁。

価値を平等と説いた貝原益軒も、「女が男のようにものをいうのは家の乱れ」と苦言を呈している。

いまだ、男性は女性の言葉づかいはもとより、あらゆる逸脱行為にうるさい。いや、女性たち自身も、女を許さず監視する傾向がある。美学の問題は、日常慣れ親しんだ感性と直結しており、疑われないからこそやっかいなのだ。しかも、社会が不安定であればあるほど、女性の逸脱は批判される傾向がある。

これらの説を総合すれば、女子というのは、これまでも、これからもつねに逸脱や無頼化の宿命を帯びる存在だ、とも言える。グローバル化や社会の流動化によって現在、日本人のアイデンティティがゆらぎ、無頼化女子はまぎれもなく増産体制に入っているのだ。

そう。私はここに申し述べておきたい。

ニッポン女子の、いや全世界の女子の無頼化は、もう止まらない。女子たちよ、数々のブーイングを気にしていてもしかたない。これは宿命である。

あえて言おう。

無頼であれ、と。

第二部　女子の国の歩き方

西森路代
×
水無田気流

一　女子の国の散歩道

女子国の見取り図

水無田　きょうは「女子の国の歩きかた　―無頼化とゆるふわのあいだで―」というテーマでお話しします。「無頼化」は私の『無頼化する女たち』という書籍からとっていて、もうひとつの「ゆるふわ」は近年の女性文化のキーワードです。

まず第1部は、「女子の国の散歩道」として、女性の置かれた日常について考えてみたいと思います。女子といえば、たしかに一般的にふわっとした優しさ、おおらかさ、そして「癒し系」などが求められる特性ではありますね。そして、一般目に女性向けとされるメディアも、それを意識しているようです。

でも、「癒し系」や「ゆるふわ」を突き詰めていくと、そこには女たちが「菩薩」になるしかない、つまり心優しき修行者になるしかない状況が浮かび上がります。ここに……戦後日本の闇が見える。このあたりの「闇」の部分は第2部に、「女子の国の獣道《けものみち》」

として検討してみたいと思っています。
女性に要請される生き方は、男性以上に矛盾が大きい。それは、社会の歪みや軋みを受け止める緩衝材としての役割を期待されがちだからではないのでしょうか。たとえば今言ったような「ゆるふわ」を期待されることと、「自立」を促されること。一見すると矛盾するこれらの言説が女性たちに要請されるというのは、この事実を端的に表しています。これはやはり、とてもしんどい。そして、そんな出口の見えない女子道を生き抜くために、今「女子の無頼化現象」と私が呼んでいる現象が、とりわけゼロ年代以降に顕著になっていると思っています。これらを踏まえ、最後に、無頼化の行きつく先、究極のサバイバル道を「女子の国の冥府魔道《めいふまどう》」と名づけて見ていこうとも思っています。
さて、まずは「ゆるふわ」から見ていきたいのですが、西森さんはどんな印象をもっていますか。

西森　OLをしていたときにこんな概念があって、それを意識していたら、もうちょっと楽だったかなと思いますよね。

水無田　え、ラクなんですか？

西森　どうせ会社に行かないといけないんだから割り切って楽しむというか、その場をしのぐためにも、意識的に「ゆるふわ」を取り入れる、演じてみるのも処世としてはありだったかなと。あの頃は分からなかったけど、そうしている同僚はいっぱいいたはずですから。私は水無田さんの言うように「正しさ」にばかり捕われていたＯＬでした。それはやはり窮屈で。

でもこれはある意味では、あきらめの境地ですよ。働いている人の大半は、場の空気を乱してまで、環境を変えようとは思いません。働く場所すら失いかねませんからね。あきらめの境地にならないとやっていけない。だからとりあえず、「ゆるふわ」は女性にとって、日本で働く上でもっとも有効な武器なんです。

水無田　なんか本当に菩薩道ですね。それは、悟りの境地へ至るということなんでしょうか。

西森　そうですね。私は菩薩にも改革者にももちろんなれなかったので、その世界から出てきてしまった。会社の先輩には頑張ってた人もいたんです。

水無田　まあ、なかなかなれるものでもないですけどね。さてここで、まずは私の作った「女子の国見取り図」を見てみます。

縦軸が上に行くほど「私の幸せ」寄りに、下に行くほど「女の幸せ」寄りになっていきます。「私の幸せ」を追求すると「女子界」や「自立界」に入ってくるのですけど、「女の幸せ」を追求すると「女性界」と「ビッチ界」に入っていく。

横軸の右に行くほど、文化・社会規範に従順になっていく。規範が内面化するということです。逆に左側に行けば行くほど文化規範から逸脱していく、という図式です。

「女子の国」見取り図

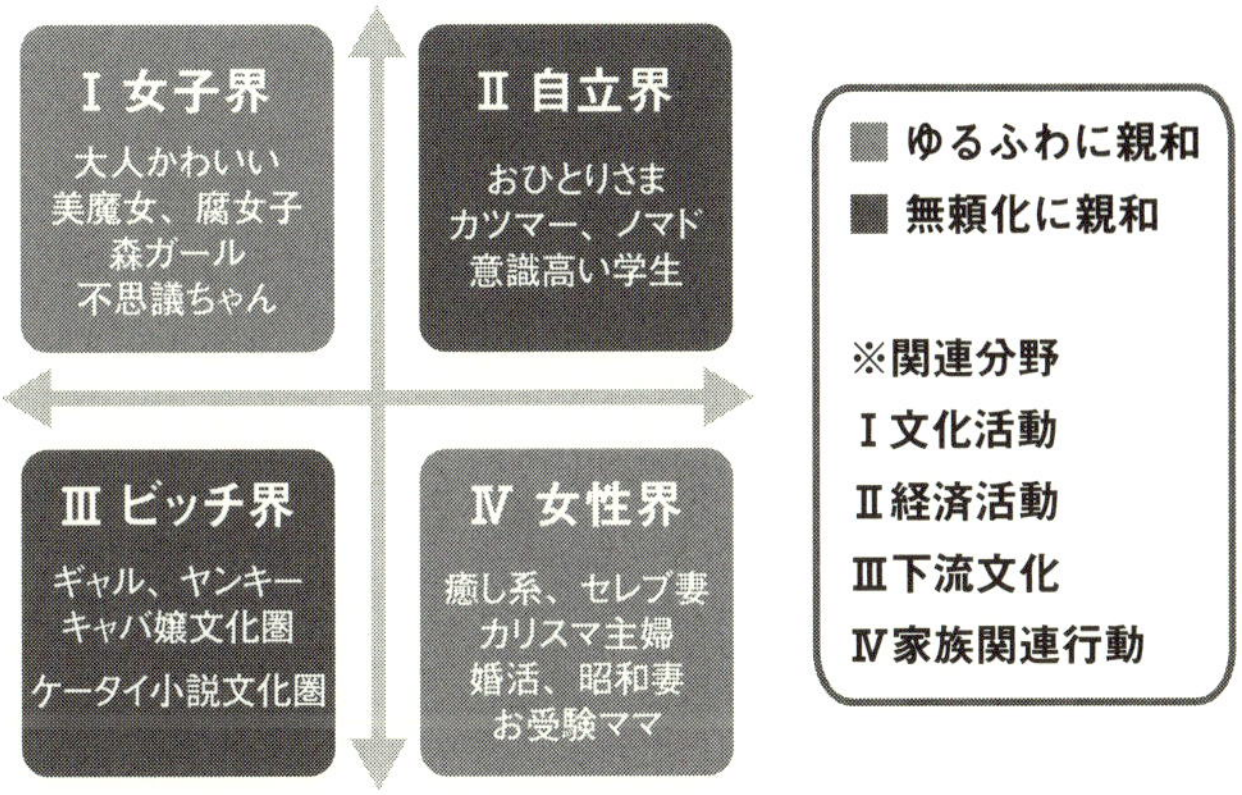

「女子界」は、「オトナかわいい」や「美魔女」、あるいは「腐女子」など、趣味に走るような我が道を行く文化活動になってくる。「女子界」とたすき掛けになっている「女性界」はどちらかといえば旧‐良妻賢母型、そして喧伝されるライフスタイルは、当世風には「カリスマ主婦」とか「セレブ妻」が該当します。

今では単に良き妻良き母でいることだけでは不足で、「素敵な主婦の私」を表現する仕事をしていることなども、ステータスシンボルになります。たとえば、主婦でありつつフード・コーディネイターとして料理本を出すとか、自宅でフラワーアレンジメントの教室を開くといったようなものがそれですね。ちなみに、家事が「花嫁修業」から「消費文化」の一環となり、「家族のため」から「私の趣味」として女性誌に紹介され出したのが七〇年代です。生活文化がメディアによってファッションの一環になっていったんですね。この傾向がある程度普及した先にあるのが、現在の「女性界」です。一方、女子文化の基盤をなす少女漫画や腐女子文化成熟期も、「花の24年組」などが活躍しはじめた七〇年代ですね。私は、「女子界」と「女性界」の軸がゆるふわに親和するんじゃないかと見ています。

一方、「自立界」と「ビッチ界」の軸が、無頼化に寄っていくのではないかと思っています。大枠で「女子界」が文化活動、「自立界」が経済活動、「ビッチ界」が下流文化に、それから「女性界」が家族関連行動に親和すると考えています。

「ゆるふわ」はどちらかといえば女性同士の位階秩序を重視します。「女の世界」と呼べばいいのか。「女性界」も、一見すると良妻賢母で男性のよきパートナーであることを前提にしているようですが、実際には男性の目が入りにくい「女の聖域」です。この領域の雰囲気をよくとらえているのが、桐野夏生『ハピネス』や、篠田節子『コミュニティ』といった小説でしょう。一方「ビッチ界」は、実は一番さまざまな要素を含みもっていて一筋縄では行きません。そこで、あえてこの「セレブ妻」的特性との対称性からとらえています。「上流」に対して「下流」、「良妻賢母」に対して「ビッチ」という。ですが、それだけだとこの領域について語りつくすことができないので、とくに「ビッチ界」について、ぜひ西森さんにツッコミを入れてほしいんですが。

西森　ビッチ界が下流文化というのは、今はちょっと違うかもしれません。昔はギャル＝ビッチだったかもしれないんですけど、たぶん『セックス・アンド・ザ・シティ』あたりからビッチは別ジャンルの人たちにも取り入れられていると思います。ある意味でビッチは地味な人の憧れの対象でもあったと思いますが、今はもう憧れなくなっているかもしれないな、と思いました。

水無田　それはなぜですか？

西森　たぶん保守化しているし、ビッチで得られるものは少ないんじゃないですかね。昔は男性を翻弄できる能力を持ったビッチは、結婚においても男性を獲得できる可能性が高かったと思いますが、今は男性の側もそんなに純情ではない。一度や二度、性的な関係を結んだからと言って、つきあうことには発展しないですから。性的な魅力にひきつけられただけでつっ走る「椿姫」みたいなことはないんじゃないかと。

NMB48の曲でも「19歳《じゅうく》まで純情を守らせてくれ（純情U－19）」とか「でもキスしちゃったら何か減るんだ（ヴァージニティー）」とか、「純潔を守ったもん勝ち」みたいなフレーズが増えているんです。逆に、一九八五年のおニャン子クラブの「セーラー服を脱がさないで」は「友だちより早くエッチをしたいけど」だったし、そもそも「おニャン子」というネーミング自体がそういう言葉ですよね。「処女でいることが怖い」という文化が、もしかしたら同じ秋元康の歌詞で逆転しているのかも知れません。「処女厨《しょじょちゅう》（過剰なほど「処女」を崇める男性）という言葉もありますし、黒髪ブームなんかも関係していると思います。

水無田　秋元康も商売がうまいですよね。「処女がつまらない」という見解を出したほうが売れる時期にはおニャン子で、「処女でなければ」となるとNMB48、つまり希少性が高いほうに行く。それだけ社会が求める女性の価値を、しっかり見極めているわけですよね。八〇年代半ば、バブル景気以前には「友だちより早く」と言っておいて、低年齢層の性経験率が上がってくると、今度は「19歳まで守らせて」と言う。

でも、当の女性がまともに社会に適応しようとしたら、どうなるのか。この図の「自立界」「女性界」は、優等生的な社会への適応形式なんです。経済と家族は、まさに近代市民社会が成立基盤となる領域ですね。

これに対して左側の「女子界」「ビッチ界」が文化領域で、さらにいえばメインストリームカルチャーではない、サブカルチャーであるところの女子カルチャーに親和する領域でもある。思うに、官公庁が唱える「女性の自立」や「就労と育児の両立を」といった命題には、右側の「自立界」「女性界」しか見えていない。逆に多くのサブカル系言説は、左側の「女子界」「ビッチ界」の各論でしかない。私としては包括的に見た上で、個別にどのように違うのかを見ていきたいんです。

もちろん、ビッチ界に関しては年齢階層によっても違うし、もっと言うとセレブな人たちのおふざけとして、たとえば年下の草食系男子を喰っていく「クーガー（女）」みたいなライフスタイルの喧伝もありますね。『小悪魔ａｇｅｈａ』なんかもその系統に属すのかもしれません。でも読んでみると、イケイケなａｇｅ嬢かと思いきや彼氏のＤＶを告白していたりする。わりあいに古風なヤンキー文化ともないまぜになっている印象ですよね。

だから「自立界」「女性界」と比べると、「女子界」「ビッチ界」は分かりにくいかもしれない。また、女子同士のお互いの位置づけも分かりにくい。女子界でうまく泳いでいくための言説としての「美魔女」もあれば、「まだまだ男にモテたいわ〜」で美魔女になっている人たちもいて、女性目線だけでは語れない部分もあるのかとは思います。ただ美魔女って、……男性からも叩かれるんですよね？

西森　はい、叩かれますね。

水無田　どれくらい叩かれるんですか？

西森　掲示板やまとめサイトで、何かのニュースにどんどん意見が出されていくと、最終的にはまったく関係ないニュースでも「どうせバブル女がそんなことをしたんだろう？」とか「韓流好きがやったんじゃね？」で片づけられちゃうことが結構あります。気に入らないものがその二つに落ち着いてしまうことが一時期見られました。でも、最近は「美魔女」に変わって、大人なのに「女子」っていう言葉をずっと使っている人も、同じように「イタいわ」と言われるようになりました。

水無田　男性が主体となって女性について語る場合、どれもこれも同じようなモノとして片づけられがちですよね。だからその部分は引き算して話を聞かなければいけないとは思うんですが、それでもやはりバブル文化全般に対する嫌悪感はありますね。

西森　男性だけではないですね。若い女性も「美魔女」はいつまでも「女」界に居座る目の上のたんこぶとして捉えられているところもあると思います。

水無田　どの世代でも、すぐ上の世代は目障りなんですよ。一〇歳ぐらい上の人たちが一番目障りだけど、二〇歳離れると距離が遠くなり、その分目障りでもなくなるのではないでしょうか。今の三〇代には四〇代のバブル世代がすごく鬱陶しく感じられるけど、五〇代、六〇代だともう視界に入らなかったりする。下の世代だと二〇代はちょっと調子に乗っているなと蔑みつつ、でも一〇代までは視界に入らない。

西森　ただバブル世代は、たぶん一〇代からも二〇代からもイメージとしては嫌われているんじゃないですかね。

水無田　嫌いですか？　なぜ？

西森　儲かってそうなことに対しての嫌悪って、どんなジャンルでもありますからね。いい時代を味わって、もう逃げ切ったなって、共通の敵になっているような。

水無田　ああー、なるほどねぇ。私はちょうど目の前でバブルが崩壊して、就職氷河期世代なんですよ。私たちの代から先輩たちの就職活動の話がまるっきり参考にならなくなったという。除雪車の先頭にくくりつけられて、前の世代の後片付けをやらされた感じなので、具体的に憎いのですが（笑）。もちろん誰か個人的を憎んでいるわけではないですよ（笑）。下の世代からすると全般的に上の世代の消費性向が、その食い散らかしかたが憎いんでしょうか。

西森　そうですね、全般的にちょっと憎い感じですよね。バブル世代がいまだに消費者であるところも。でも、もはや一〇代、二〇代からすると、団塊ジュニアもバブルもいっしょくたではないでしょうか。

水無田　なるほど。「女性界」の例にあげた「昭和妻」というのも、世代の問題と関連している気がします。昭和妻というのは高度成長期的な、昭和的なライフスタイルを好む、専業主婦志向の女性のことですが、若い女性に昭和妻志向がすごく増えてきているそうです。とくに二〇代は、三〇〜五〇代の女性よりもむしろ高くて、六〇代の志向に近くなっちゃっている。

八〇年代に雇用機会均等法が施行されて、「女性の時代」「女の時代」などとキャリア女性が持てはやされたりしたんですけれども、まだまだ子育ての環境は保守的で専業主婦前提の言説で溢れていて、いまだに変わっていない部分も大きいです。私も正直、子育てをしながらその旧態依然とした価値観にかなり愕然とすることは多いです。

逆に八〇年代にあえて子どもを産むことを選んだ女性は、もともと保守的だった層が多かったと推測されます。個性を尊重する人たちは、たとえ結婚しても、DINKS《ディンクス》(Double Income No Kids 共働きで子どもを持たない夫婦、またはそのような価値観をさす)だったり、子どもを産まなかった。層がわかれたんですね。

だからそれがさらに再生産されて、今の一〇代、二〇代は、恐らく七〇年代生まれの世代よりも保守的な家庭で育った人が多いのではないかと、私は分析しているんです。

実際に学生に意識調査やアンケートを行って、たとえば女子には「将来専業主婦になりたいですか」、あるいは男子には「妻に専業主婦になってほしいですか?」と質問してみる。するとまずはっきり傾向が出るのは、「母親が就業継続型フルタイムワーカーの子ども」です。主として看護師や教員といった専門職で働き続けている母親のいる共働き世帯の子どもですね。彼らは男女問わずほぼ例外なく、「共働きで夫婦協力するのがあたりまえだと思う」と言う。子どもの頃寂しかったとか、そういう意見は不思議なほど出てきません。むしろ驚くほど肯定的で、働く母が頼もしいとか、尊敬しているとか、そういう意見が出てきます。

ただ、こういう働き方をしている母親はかなり少数派です。圧倒的多数派は、パート就業者の母ですね。だいたい学生本人が小学生か、遅くとも中学生のころからパートに出ています、という人が多いです。この層に、やや専業主婦志向が目立ちます。「やっぱり母親は家にいるほうが望ましいと思う」「子どものころ寂しい思いをした」とはっきり言うのも、パート主婦の子どもです。もっとも、フルタイムで就労継続する母親の子どもという類型が圧倒的に少ないので、もっと調査の余地はあるかもしれませんが。

ただ、そこから推測されるのは、母親と就労の関係です。端的にいって「母親が仕事に誇りをもっているかどうか」。これがポイントではないのかと思われます。学生の母親は、だいたい一九五〇年代後半から六〇年代生まれの世代です。この世代で専門職に就いて出産・育児と両立させている女性というのは、かなりバイタリティー溢れるタイプであり、仕事が好きな人なのでしょう。

子どもというのは、つくづく親の生き方を見ているものだと思います。親が幸せであるかどうか、自分の人生に誇りをもっているのか。これは本当に重要だと思います。母親が誇りをもって働いていれば、子どもも母親が働くことを誇りに思うのでしょう。ですが、今なお日本の既婚女性の就労は、圧倒的多数が家計補助目的の再就職型で、非正規雇用が一般的です。非正規は低待遇の周辺労働者となる場合が多く、なかなか仕事に誇りはもちづらい。「本当は家にいたいんだけど、家計が大変だから……」という姿勢で働く母を見ていれば、子どもも母親の就労には肯定的になれないのではないでしょうか。

西森　母親の問題もあると思うんですが、もう一方で、今って性的役割分業をしたいという考え方が復活しているというのもありますし、女性自身が、女性らしさの価値をすごく信じているということもあるかもしれません。白河桃子さんが「女子カースト」の本（『格付けしあう女たち』ポプラ社、二〇一三）を書かれていましたが、女子カーストで一番高いのは、まあいろいろ価値観の違いによって分かれるところかもしれませんが、やっぱり専業主婦です。専業主婦になれる女性は、収入の高い男性に愛されるだけの女性的魅力があるとぼんやりとですが信じられているからではないかと。実際には、収入の高い男性は、同じような階層の人と結婚することが多いわけですけど、イメージ的には、まだまだ女性的魅力で階層上昇ができるんじゃないかというシンデレラストーリーを持っている女性は多いのではないかと思うんです。「半沢直樹の妻」は、まだそういう夢を持っている若い女性にこそ支持者が多かったのではないかと。でも、母親の影響っていうのも、大きいと思うので、水無田さんの見解ももっとお願いします。

水無田　専門職の母よりさらに少数派ですが、はっきりした傾向が見られるのは母子世帯の子どもです。これは男女差が大きいです。男子は「母のような苦労はさせたくないから、妻になる人は専業主婦にしてあげたいと思う」と言い、女子は「母が仕事で苦労してきたのを見ているから、自分は正社員になって待遇のいい仕事に就いて働きたいと思う」と言う。もちろんこれらは、授業内の非公式の調査なので、客観的に妥当するのかどうか、いずれもう少し精査したいとは思っています。

つけ加えるならば、離婚そのものについても否定的というか、家族観については保守的な意見が目立ちます。両親が離婚してしまって、実質的に祖父母に育てられたという学生もいました。「いがみあっていた両親よりも、仲良く連れ添って金婚式を迎える祖父母のほうがずっと幸せな夫婦に見える」と回答するんですね。親たちの個人の自由を主張する生き方よりも、ずっと寄り添って金婚式を迎えるほうが幸せそうに見えると言うんです。こういう風に学生に言われてしまうと、私としてはもう言葉がないわけです。

どんなに個人の自由を尊重すべきだといっても、結局は家族としての幸せのほうが大きいし、重いんですね。ましてや次世代再生産となるとまだまだ保守的で、なおかつその保守的な層と、「個人を重んじる／私の幸せを重んじる層」が、ずーっと分裂し続けている。これが保守化の根本にあるのかな、とも思うんですよね。

西森　ただ、『VERY』を見ていると、二〇一三年には、働く女性特集が多くなってきています。『VERY』は、結婚して数年たったリアルな主婦がターゲットですから、数年前のように、サロネーゼだなんだって夢みたいなことを言ってられる状態ではなくなってきたのではないでしょうか。読者的にも、半数がワーキングマザーになってきたそうです。でも、全体的に保守になるというのもよく分かります。家族だけじゃなくて、分かりやすいポジティブワードしか受け入れられない空気が出てきているとも思います。「離婚？　引くわー」とネガティブワードに引いてしまう、そんな状態になっていると思うんですね。個人的な背景があろうがなかろうがそうなっている気がします。

水無田　なるほどねー。私も公園で子ども遊ばせながら仕事をしているときに、友だちから「今忙しい？」って電話がかかってきて、ついそのときの頭の中の内容をそのまま「あー、ちょっと今忙しいのよねー。離婚と自殺で手いっぱいで」って言っちゃったら、まわりにいた人が引いていた（笑）。家族社会学の講義トピックで離婚を扱っていて、同時に社会学の講義でデュルケムの自殺論をやっていたものだから（笑）。

西森　ネットでは本音と建前が分裂していきますよね。私は書かないようにしているんですけど、フェイスブックでちょっとでもネガティブに「仕事相手が困った人で……」みたいに書いてしまうと、仕事をしている全員が自分のことだと思ってしまいますよね。ぼんやりとした不満をTwitterでつぶやくと、「これは私のことかもしれない」と思われちゃうんですよね。

水無田　疑心暗鬼になりますよね。ネットは対面ではないから「ナマの言葉の力」が一人歩きしてしまう。コミュニケーションが難しくなっていますよね。

西森　たとえば「ツイート数が多いからこの人のフォロー外したいな」ってつぶやくと「あ、これ私かな？」って思われちゃうわけですよ。そういうことがいろいろなところに点在してるので、なるべくネガティブなことを表では言わないようにしようというのが、最近はあると思います。

水無田　言葉のネガティブな威力に対して、すごく敏感な時代になってきている。これも女性の「ゆるふわ」化の要因のひとつかもしれないですね。

西森 そうですね。人を不快にしないというのは「ゆるふわ」の基本ですから、何か疑問があっても表に出さないでポジティブを装うというのは似ているのかもしれません。

「女子」の起源

水無田 ところで、そもそもいつから日本の女性は「女子」って呼ばれるようになったのでしょうか。ただ、現在「女子」という言葉はいたるところで使われていて、女性史研究、社会史研究の文献を読んでも、「女子」をワードとして対象に入れると、あまりにも多様になってしまいまして……。

ちなみに、「女子」が最初に見られるのは、江戸時代中期に女性教育に用いられた教訓書『女大学』あたりですね。「女子は成長して他人の家へ行き舅姑に仕える者なれば、男子よりも親の教えをゆるがせにすべからず」とか「子なき女は去るべし」などと、「女」と「女子」が混在しているのが江戸時代、儒教文化圏の特徴です。そのあと「女子」はさまざまな使いかたをされます。単に生物学的な性差を意味する場合が非常に多いんですが、現在のようなニュアンスをともなう「女子」の用例はとても少ないんです。「婦人」であれば、福沢諭吉が「日本婦人論」を書いたのが一八八五年、『婦人公論』

が発刊されたのが一九一六年で、女性を表す正式な言葉として使われてきました。戦後は「婦人問題」と「問題」付きでの用例が多くなって、七〇年代あたりからは「女性問題」「女性学」と「女性」が増えていきます。

同時に、現代女性の生活スタイルだけを対象にするのではなく、民俗学的見地から女性史をひも解こうとする傾向も生まれます。六〇年代後半に『信濃毎日新聞』で「おんなについて考える」という特集が組まれますが、地方紙で注目されたという点が面白くて、ある意味ではポストモダン状況が始まっているともいえます。さてここから、「女子」という言葉の復活については、西森さんにお話ししてもらいましょう！

西森 突然サブカルっぽい感じになっちゃうんですけど（苦笑）。二〇〇〇年代に雑誌『ｒｅｌａｘ』（マガジンハウス）周辺の、イラストレーターさんやライターさんといったサブカル文化圏の人が、「女子」って言葉を復活させていたイメージがあります。小学校を出てから使ってなかった「女子」をあえて使用することが新鮮でキャッチーな雰囲気がありました。自分の家にある『ｒｅｌａｘ』を引っ張り出して見たら、「女子」という言葉がけっこう新しい感じで使われていたんですよね。

水無田 あー、どや顔だったんですね。

西森 わりとどや顔で「新しい言葉ですよー」と。「女子のみんなは来てね！」みたいな、そういう感じで使われていました。

などと考えていて、そういえばリリー・フランキーさんの『女子の生きざま』（ぶんか社、のちに新潮文庫）って本があったぞ、と思い出しました。刊行は一九九七年ですね。内容は「女」になる前の女の子に向けて描かれていて、それは、女子と言っても問題ない範囲の「女子」なんですけど、それでも女子高生のことを大人が「女子」って呼ぶのはかなり斬新なことだったと思います。女子、男子という言葉は、小中学校の中で使われるものでしたから。

水無田　教育ワードとしての「女子」は、年齢階層ごとの各論みたいな部分がありますよね。

西森　そう、それでアマゾンで『女子の生きざま』レビューを見たら、〇六年に書かれているものに、「女子の間では評判のアレやソレも意外に男子はゲンナリしているんです」などと書かれている。いかにも当時の文体っぽい。今は、こういうノリの文体は使わなくなってるんですよ。こういう世界ができ上がってきたのが二〇〇〇年前後なのかなと。しかも、女子と並列で男子も使われているのが、今とは違うところです。

『女子の生きざま』
リリー・フランキー、
1997年、ぶんか社

水無田　このレビューで引用されている「どーしてもゲロを吐かねばイカンときはその中で一番いい男にかける」って、何のプレイですかかね……。

西森　酔っぱらったときにトラブルを起こすなら好きな人

と起こしたほうが何か始まる。みたいな話じゃないですか。

水無田　でもそれすっごい賭けじゃないですか。決断力じゃないですか。

西森　現実ではどうか分かりませんが、ラブコメを見てると出てきたりしますよ。というか、二〇〇三年に日本で公開された韓国映画『猟奇的な彼女』でも、そんなシーンがありますが、ハプニングは恋が始まるきっかけという意味ではないでしょうか。

水無田　そうなんですか。そのへんを、じっくり教えてください。申し訳ないんですけど、実は私、女子文化圏にあんまりどっぷり浸かってこなかった。まずトイレ友だちがいなかった女子中学生だったんで(笑)。トイレ友いました?

西森　いましたよ、全然。

水無田　そこがね、すごーい、と。私、女子力ないんで……。

西森　女子力って別に女子とつるむことができる能力ではないですよ。むしろ、女子力がないから同性が安心できて好かれるんです(苦笑)。水無田さんが言ってるのはコミュ力ですね。

水無田　なるほど。でも私はおそらく同性が安心できるレベル以下だったかも……。トイレに一緒に行こうとか、そもそも誘われない女子で、常に一人歩きをしてきたものですから。普通に友だちはいたと思うんですけど。女子というのはですね、中学生くらいのときはトイレで大切なこと言い合うんですよね。両想いになるおまじないを交換したりとか。それを知らずに、たとえば友だちが赤ペンでダビデの星みたいな模様を手に書いていたのを「何それ？」って聞いたら、いきなり泣かれちゃったこともありました。その星みたいな印を何日間か人から訊ねられることなくつけておくと、彼と両想いになれるっておまじないを実践中だったそうで……。

西森　わあああ（笑）。

水無田　みんなそれを知っているから、見て見ぬふりをしていたらしいんですけど、私は知らないから聞いちゃった（苦笑）。要するに、飲み会に行かないから、同僚と親密なコミュニケーションをとれないサラリーマンと同じなんです。恋愛モノとか、少女マンガもひと通り読むんですけど、どっちかっていうと『ガラスの仮面』の北島マヤと姫川亜弓の激闘に燃えたりして、恋愛部分をあまり読み込んでなかったんですね。だから『黒山もこもこ、抜けたら荒野』でも書いたんですけど、話を合わせるために『花の子ルンルン』とかを見て一生懸命知識を仕入れて話していたんだけど、すごく大変だったんですよ。

西森　いちおう葛藤はあったんですか？

水無田　先ほどのサラリーマンのたとえじゃないですが、「本当は野球が好きじゃないのに営業トークで話さなきゃいけないから巨人戦を見る営業マンのオッサン」みたいなものでした。本当は『花の子ルンルン』のセルジュさんよりも『ガンダム』のスレッ

CD『DON'T WALK THIS WAY』平子理彩、2000年、トイズファクトリー

ガー中尉のかっこよさについて語りたいな、とかね、そういう欲望を持っていたんですね。どうもそのあたりの「女子」な感性が、どこかでずぼっと抜けている。

　そこで話を戻して、ぜひお聞きしたいんですけれども、さっきのレビューの「イイ女子に」って、どういう女子なんですか、これ。

西森　「イイ女子」ですか。リリー・フランキーさんの『女子の生きざま』の二〇〇六年の読者のレビューの中の話ですね。その「イイ」っていう言葉も、クレイジー・ケン・バンドの「イイネ!」を彷彿させる、時代を感じる文体ですね。ここでは、二〇〇〇年代の男性にとっての「イイ女子」の話みたいですから、なんか、男性の妄想をかきたてるような魅力のある、ちょっとエロい女子で、でも、性欲で男から何かを奪うアグレッシブな感じじゃなくて、カラっとしてて……みたいな感じじゃないですかね。イメージとしては、やっぱり三〇代前半の平子理沙みたいな。って勝手な想像ですけどね。

で、話を「女子」に戻しますが、たとえば常盤響さんが九九年に出した『Sloppy Girls』っていう写真集と同じく常盤さんがデザインした平子理沙のシングルCD『Don't walk this way』(二〇〇〇)があります。それが、二つともポーズが同じです。こういうのが「女子」というか「Ｇｉｒｌｙ」なものとしてこの時

『Sloppy Girls―常盤響写真集』、1999年、新潮社

期に出てきた。

水無田　ほとんど「女豹のポーズ」ですけど、これが「女子ポーズ」なんですか？

西森　まあ、たぶん常盤さん個人の趣味が大きいので、「女子ポーズ」とまで言えるかどうかは分からないですね。ただ、左のモデルの子がかぶっているようなハットは、平子さんもよくかぶってましたね。

今では「女子」という言葉と、「ガーリー」という言葉は別の道を歩み始めましたが、当時は一緒に出現したのではないかと思います。というか、「女子」という言葉だけが、その後、飛躍的に一般化されましたから。

で、日本にガーリー文化や「女子」という気分がやってきたのは、やっぱり一九九九年の『ヴァージン・スーサイズ』でしょうね。監督のソフィア・コッポラはお父さんがフランシス・フォード・コッポラですが、お父さんが芸術家で、自分はガーリーや女子文化の旗手になるということでは蜷川実花と一緒ですね。

水無田　確かに似ていますね。

西森　蜷川実花さん本人はソフィア・コッポラのことを別に意識していないとは思いますが、それでも時代の要請を受けて、日本とアメリカで同じような動きになることはあったんじゃないかなと思います。

水無田　なるほど。この『ヴァージン・スーサイズ』に出てくる女の子たちは何歳くらいでしたっけ？

西森　思春期の姉妹です。

水無田　その子たち全員が揃ってすごい美少女で、美しいまま死んでいこうとするお話ですよね。中国映画でも『五人少女天国行』（一九九一）っていう、嫁入り前に自殺すれば幸せになれるという言い伝えを信じた少女たちが死んでいく映画がありましたね。美しいまま死んだ方がいい、女子の世界を守り抜いたまま死にたいという潔癖的な美学というか、文化圏がありますよね。蜷川実花は二〇一二年、岡崎京子の『ヘルタースケルター』を映画化しましたけど、西森さんはどう見ましたか？

西森　あれはむしろ「それでも生き抜くんだ」という感じですよね。美しさを保ったまま破滅するんじゃなくて、美しさはそのままでいたいけど、どうやって生きていこうかともがく話で。それって、十数年前には「女子の世界を守り抜いたまま死にたいという潔癖的な美学」を信じていた世代が、アラフォーになって、どうやってこの先楽しく生きていくかと考えだしたら、やっぱり無頼化ではないですが、たくましく生き抜くしかないと思ったのではないかと。で、ソフィア・コッポラは一九七一年生まれ、蜷川さんは一九七二年生まれです。

バブル女子と低コスト女子

水無田　西森さんは「女子・Ｇｉｒｌｙとは当初平子理沙であった」とおっしゃっていますが……。

西森　あくまでも、ある時期までは、そういう象徴的存在だったと思います。二〇一三年は、ガーリーはＡＫＢ48の小嶋陽菜に引き継がれた気がしますけどね。でも、女性誌で見る平子さんと小嶋さんは、すごく似たイメージなんですよね。でも、先ほども言いましたが、「ガーリー」と「女子」は最初は同じものだったのが、途中から「女子」があまりにも一般化したために、別の道を歩むようになりました。だから、成り立ちのきかけは平子理沙があったのかなと思いまして。

今は、平子さんは「ガーリー」のほうの人ですね。で、平子理沙はソフィアと同じ一九七一年生まれで、かつては「ガーリー」とはまったく結びつきもしない存在でした。一九九〇年代初めには、フジテレビの「Ｆ１ポールポジション」という番組でレポーターもしていました。覚えている人もいるかと思うんですけど、『ＪＪ』や『ＶｉＶｉ』でモデルをしていた当時は「シャネラー平子理沙」と呼ばれていたくらいのイケイケのバブルを象徴するようなモデルだったんです。でも、同時期に活躍していた梅宮アンナ、藤原紀香、梨花、松嶋菜々子といった七〇～七二年生まれのモデルって、全員そんな感じだったんですよね。

水無田　イケイケの価値が、今やまったく地に落ちていますよね。

西森　ま、そうですね。今の美魔女の方とかも同じ世代なので、当時の「イケイケ」な気分を「美魔女」として保存しているのかもしれません。

さっき挙げた方たちは、今でも活躍していますけど、モデルとしてバリバリなのは平子理沙と梨花くらい。やっぱりイケイケからガーリーにイメージチェンジというか、時代に合わせてというか、先取りして更新した人が、モデルとしてけっこういい感じになっているんですよね。女優と違って、モデルは今のファッションを伝える人だから、時代に敏感であるということは必然ですよね。平子理沙と梨花は三〇代前半みたいな見た目で、自分よりも一〇歳以上も下の世代の雑誌の表紙を今でも飾っています。

水無田　『sweet』なんかでも、梨花とか、吉川ひなのとか出てきますね。NHK「クローズアップ現代」でも「大人も〝かわいい！〟」っていう特集で、吉川ひなのが取り上げられたりしているんですよね。

西森　吉川さんは一九七九年生まれなので、またちょっと違う世代ではあるのです。それにしても、現在のバブルを引きずっている感じの人たちにある「煙たい感」は、なんなんですかね。

水無田　本当だったらあなたたちは偉くなっていて、いわば管理職クラスなんだから、現場に出しゃばってきて切り込み隊長みたいなことするなよ、と。

西森　でもそんな中でも、変わらずに切り込み隊長をできるのが、あの人ですよ。ブロードウェイにも行った……。

水無田　あ、米倉涼子。彼女はどこまで行ってしまうんでしょうね？

西森　米倉涼子はやっぱりどこか特殊な存在感だなって思いますよ。あらためてとことん語りたいくらい。

水無田　彼女はちょっと違う系統ですよね。ただ、女子に尊敬されだすと、男子からは敬遠されるという悲劇が待っているわけですよね。

西森　同年代の男性からは敬遠されるかもしれないけれど、酒飲んで男子と手を繋いでフライデーされたりする感じは頼もしくていいなと。最近は、そういう話題が少ないので、また何かぶっこんでほしいです。

水無田　まあ、米倉涼子は高度に無頼化してますからね。

西森　無頼化してますね、相当。

で、さっきのモデルの人たちはみんな一時期は古巣の赤文字雑誌を去るのです。平子さんも吉田栄作と結婚して、バブル崩壊後はあまり見かけることもなく……。

水無田　栄作はどのドラマに出てても「うおー」って叫びそうな気がしちゃう。落ち着いた役をやっていても、いつ叫んで海に飛び込むのかな、とかつい思っちゃう人だったから。

西森　で、何年も見ないなと思っていたら、平子さんは、二〇〇〇年の『月刊　平子理彩』（撮影・平間至、新潮社、このとき理沙を理彩に改名）で「復活！」となって。「平子理沙語録」みたいな本（『Little Secret』講談社、二〇〇九）もあるんですよ。その中で、「エイジレスって言葉が好きじゃない」とか言っている。

水無田　いいですねー。

西森　「いくつになろうと自分が好きなことだけをすればいい。いつまでもガールでいることを楽しんで」「ソフィア・コッポラの『ヴァージン・スーサイズ』は私のバイブル的存在」という言葉もありました。

水無田　あー、リンクしてますね。

西森　やっぱりね、そこから来てるんだっていう。

だから初期の女子文化、ガーリー文化にはリリー・フランキー、常盤響、ソフィア・コッポラ、蜷川実花、平子理沙が関係していたと思うんですけど、その後は平子さんの加齢が「女子力」という言葉の年齢を引き上げている気がします。でも、今は平子さんは「女子」の世界というよりも、「大人ガーリー」の世界の人ですし、今は過渡期って気がします。

水無田　一気に引き上がりましたよね。アラフィフまで、そしてすぐにアラカンまでという感じですね。
西森　まあ、加齢で引き上げるところまで引き上げちゃったことが「女子力、イタい」みたいな反応も引き起こしている面もありますよね。
たとえば『ＨＥＲＳ』っていう五〇代向け女性誌があって、二〇一三年の三月号まで、長らく萬田久子さんが表紙だったんですけど……。
水無田　ああ、なんか分かりますね、その感じ。
西森　分かりますか（笑）。で、萬田さんで「ズル可愛」という言葉を流行らせようとしていたんですね。「ズルく可愛く生きましょう」みたいな。
水無田　チートじゃないかってくらいの、年齢とアイデンティティーのかく乱ですよね。
西森　で、二〇一二年の後半から二〇一三年にかけて、女性誌が二誌創刊しました。ひとつが『and GIRL』（エムオン・エンタテインメント）で、『美人百花』や『ポップティーン』（いずれも角川春樹事務所）の編集長だった方が、「目利きアラサー女性」をターゲットに創刊しました。しかも「仕事、結婚をしても自分磨きを忘れない大人ガール」。
水無田　なんかもう、すごいです。
西森　そして創刊号の表紙が平子理沙という。ただ、『ＭＯＲＥ』と『ｗｉｔｈ』みたいに、似たコンセプトの競合誌が出るということは、そのジャンルが定着したってことなので、「ガーリー」も根付いたんだなと思います。

水無田　ちなみに上野千鶴子さんの『おひとりさまの老後』（法研、二〇〇七）で有名になってしまった「おひとりさま」というワードですけど、もともと岩下久美子さんが二〇〇一年に出した『おひとりさま』（中央公論新社）で使われていたんですよね。「仕事も恋もサクセスするために身につけるべき生き方の哲学」と謳った……なんで、会場のみなさんそんなに笑っているんですか（笑）。

でも、「一人で楽しめなければ二人でも楽しめない。自立して初めてイイ男がついてくる言説」って女子界では何度も喧伝されているんです。でも「私の幸せを追求して私を磨いた結果、女の幸せもついてくる」っていうのは、ものすごい矛盾なわけですよね。

西森　ある意味では、ついてこないですが、ここまで不況だとついてくる気もします。

水無田　一般に、女にとって経験を積むということは、加齢と、かわいげをなくすことによって成り立つので、恋愛結婚市場ではどんどん市場価値が下がるんですよね。

でも「そうじゃないんだ」「経年と経験に価値を見出してくれるいい男が現れるんだ！」と勇気と野望を与えてしまったがゆえに……そこが笑われてしまうポイントになってしまった。もちろん、違いが分かる大人の自立した美人を相手にしたい男性もある程度はいるかもしれないですけど……どうなんでしょう、自分磨きをすればするほど、それをわかってくれるイイ男が現れるという言説は。

西森　えっと、今は両方あることが望ましくなっているとは思います。これまでの言説は、経験を積むということは、すなわちかわいげがなくなると思われていたわけですが、今望まれるのは、経験を積んでいるというメリットはそのままに、でもかわいげもなくさないということなんだと思います。今、「女子力なんてスイーツなことばっかり言って」と言われるのは、経験もなしに、女子が女子らしさばっかりを追っても、男にとっては手がかかるだけだし、興味もないので、女子としての幸せなんて得られませんよというところは大きいかもしれません。

それとは別に、経験が男性にとってイヤーな形で現れるのが「ワインに詳しい女の人」で……。

水無田　ああ……ワインの銘柄に詳しくなっても、モテないですよねえ……。

西森　そうですね。現在は、ワインをいろいろ試すようなことは経済的にもかなり難しいですし、そもそもブームも過ぎているので、そこに興味を抱く人も少ない。もちろん、萬田久子さんの時代には、「ワイン好きー」って言えば、「じゃあ、いいワインバーに連れてってあげるよ」と言ってくれる「ヤンエグ（笑）」みたいな人がいっぱいいいて。

水無田　つき合っている世界が違いますからね。

西森　今の時代、そういうワインのお店に連れて行ってくれる男性も減っているし。自分のOL時代には、まだワインの知識に長けた年上男性っていうものがいましたけどね。

水無田　社会学では自分の価値観などに影響を与える集団のことを「準拠集団」、レファレンスグループというんですね。準拠集団は通常、家族や友だち、クラスメイトや同僚など、現実に自分が所属している集団が該当する場合が多いです。

でもメディアが発達した時代には、人は現実にはとんでもなく階層の違うものに親近感を抱いちゃったりするんですね。いいワインだって、バブルの頃はちょっとがんばれば手が届きそうな雰囲気だったし、実際届く人も多かった。そういう大人の女としての振る舞い、作法を見につけると、おのずとその準拠集団の階層に入れるような錯覚、つまり手間暇かけて知識を身に着けると、その集団に入れるような錯覚を覚えるわけです。本当は厳然と格差があったのに、そこが忘却されました。日本全体がバブル景気で覆われているときには、そういう錯覚ももちえたんですよね。

西森　韓国でも三年くらい前にワインブームがあったんですよね。「気分的に、あと文化的にも上がってる感じの時代」だったのかもしれないですね。『モーニング』で連載されていた『神の雫』（講談社）も向こうで人気が高かったそうで、ヨン様がドラマにしようとして結局は白紙になってしまったんですけど、他にもワインもののドラマは作られたりしてたんですね。

水無田　うーん、なるほどねぇ。経済が上り調子のときにワインあり、ってことですかね。

西森　韓国も経済が上り調子ってわけではないとは思いますが、なんとなく余裕を持って文化をたしなみたいという時代ではあったんじゃないかなと。

で、話を戻しますが、二〇一三年のもうひとつの創刊雑誌が『DRESS』です。これは『美STORY』（光文社、現在は『美ST』）で「美魔女」って言葉を作った編集長が幻冬舎の子会社として新会社を立ち上げて創刊するということで、取締役会長が見城徹さん、副会長がサイバーエージェントの藤田晋さん、名誉会長がエイベックスの松浦勝人さん、最高顧問秋元康っていうとんでもない豪華な……。

水無田　すっごいメンバーですね。

西森　この『DRESS』は独身アラフォー女性をメインターゲットにしているんです。光文社時代は『STORY』『VERY』や『美ST』と既婚女性をターゲットにしてきて、そこに入らない消費者の層が残っているはずだと考えたと思うんですよね。それで「恋する妻たちも巻き込んだ大人の恋愛雑誌にしたい」ってことらしいです（笑）。（その後、実際の『DRESS』は、既婚女性をターゲットから外し、米倉涼子さんを表紙に迎え、未婚の女性のみを扱った雑誌として創刊されました）。

水無田　バブルって不倫文化を残しただけで、それ以外の恋愛文化は雲散霧消してしまった部分が大きいですね。エスコート文化も結局根づかなかったので……。石田純一あたりがそのイコンとしてがんばっていますが、あくまでもネタ消費になってしまっていますね。実際、今の不倫文化ってあの世代の焼き増しですよね……。

西森　ただね、独身アラフォー女性から言わせてもらうと、いまだに恋愛至上主義を貫き通しているアラフォー女性は、つまり光文社文化の人なんですよ。多くのアラフォーの独身女性って、もっと枯れているというか、そんなにギラギラしてないんですよ。

水無田　あーなるほど。高給取りの。

西森　はい、恋愛至上主義な人は、今頃、高級取りの奥様ですね。二〇歳の頃は『JJ』を読んでいて、若いうちにもう誰かの奥さんになって、主婦生活を『VERY』を読んで謳歌して、アンチエイジングが必要になったから『美ST』を読んで美魔女なんかにすでになっている。で、昔取った杵柄で、もう一度、恋をして自分を確かめたい。逆にアラフォーで独身の人は、光文社の文化圏じゃない人なんですよ。『宝島』文化圏とか……、もっと欲望に対してさっぱりしてる。

水無田　（笑）

西森　だから『DRESS』が、今まで手つかずだと思われていたアラフォー女性を「恋愛」というテーマでつかめるのかは、未知数だなと思いまして。

水無田　非常によく分かります。ターゲッティングが狂っている、要するに自分たちの階層以外が見えなくなってきているのかな。

西森　だからこの世代の独身アラフォー女性は、どちらかというと「女」でありたいというよりも、「エイジレスな女子」でいたいと思うんですね。

水無田　つまり、オヤジ目線による女子の見方が狂っているのかな、と。

西森　狂っていないかもしれないですけどね、この編集長さんも経験がいっぱいおありなので、私のトイレ友だちみたいな、文化系でいまだに未婚みたいな人ではない、もっと別な感じの人たちにリサーチしているみたいだし、私のまわりにいないだけで、そういう人もいっぱいいるかもしれないし。でもまあ、大人の恋愛雑誌にして「四〇代の恋、解禁！」（当時）らしいんですよね。

水無田　解禁……ですか。今まで抑圧されていたのかって問題もありますけどね。

西森　結局はこの世代の独身女性の、消費を見こんでいるということですね。

水無田　それだけ、お金を使う世代だと見こまれているということですよね。

西森　そういうお金を使っている姿を男性が見て、高コストな女子がどんどん嫌われていっているという感じがありますよね。ガーリーなアラフォーも、美魔女なアラフォーも、消費者として優秀な世代ですよね。

水無田　そうですよね。

西森　でも恋愛婚活市場では、昔は手のかかる人ってすごいモテてたって感じだったんですけど、今はすぐｄｉｓられますよね。おごってくれて当然というと、すぐTwitterで炎上しちゃうんですね。化粧品に女は……。

水無田　「月に七万円くらいかかるんだから、おごってもらって当然なんだ」という。
西森　そう、それがネットで「七万かかるとか、自分のためのくせに、知らねえよ」みたいな。
水無田　でもね、そういうネット言説って、「時間はあるけどお金があまりない人たちが娯楽としてやっている」ものだから、ともいえる。
西森　それはそうなんですけど、もはやネットの中だけのことではないと思いますよ。この前『おおかみこどもの雨と雪』を見たら、ヒロインの花という人がものすごい低コスト女子なんですよ。学生時代から同じピンクのパーカーをずうっと着ていて、分からないことがあったら必ず本で調べるんですけど、子どもたちが生まれてすぐ夫が死んじゃうんで、移動図書館でなんでも借りて解決する。ひたすら消費をせずに、文句も言わず何があっても笑顔で子どもたちを育てる、そんな人物として描かれていた。
水無田　何だか、私の父を思い出しますね。父は六歳で終戦を迎えたんですけど、やっぱり物持ちが非常によくて、学生時代から同じ机と椅子を使い続け、定年退職する頃になっても学生時代のジャージを着てジョギングをしていた記憶があるんですけど（笑）。
西森　そういう「おじいさんやおばあさんの美談」とか、精神性を若い人たちが好むというのはいろいろなところであるかもしれないですよね。
水無田　「やさしく包んでくれるばーちゃん」だけではなくて、「欲のないじーちゃん」

もいるわけですね。

西森　うん、そうですね。最近、おばあちゃんの書いたエッセイも売れてたりしますもんね。それで、「オオカミコドモ」の話なんですが、花は山あいの、ボロボロの一軒家を格安で買うんです。まわりのおじいちゃんたちからも「住めたもんじゃないよ」とか言われるんですけど、一人で屋根に登って修繕したりする。家具も古ぼけたものばかり。

水無田　ファスト文化に対するスロー文化とかロハスとか、そういったものがすごく好まれているのも、その価値観の反映があるんでしょうね。

西森　だと思います。でも、ロハス的なものって、実はけっこうな「消費」じゃないですか。服とかもオーガニックになるとファストファッションよりももっと高くなったりする。だからってロハスの人がモノを買わないかというと、服なんかはかなり買っていると思うんですよ。

たとえば『LEE』はアラフォーくらいの既婚女性が読む雑誌で、広告もたっぷりあって消費文化とは切り離せないと思うのに、見かけはロハス、自然な感じの商品が多いんですね。こうすると、わりと世間の人は消費文化だとは思わない。「派手じゃなければ消費じゃない」みたいに。

水無田　スローやロハス、コンパクトはどれも消費キーワードで、消費社会学でも当然取り上げるんですけど、一般的にはなんていうんですかね。「お金使ってないんですステルス」？

西森　そうですね、低コスト女子みたいに見えるんですよ。見た目が華美ではなく素朴だから！

水無田　「草木染め着てます文化圏」のおばさんとか、すっごいお金持ちですけど、あの感じですか（笑）？

西森　うんうん、あると思います。

水無田　なるほど、それの若い人バージョンですね。

今の日本人って、下着みたいな消耗品を除けば、三年間くらいは一着も服買わなくても済むくらいのストックがあるそうなんです。「断捨離」とかもそれをなんとかしたいということの表れなんでしょうけど、でも消費文化やマーケティングは、「今あるものを捨てさせる技術」によってエンジンを回してきたわけですよね。

西森　それを水無田さんの口から聞いたときに、けっこう衝撃でした。断捨離までが消費を煽る仕掛けだったんだと……。

水無田　いや、めっちゃ捨てさせようとしてるじゃないですか。

西森　そんなことに私たちは惑わされていたのか……。

水無田　経済社会学などで言うところの「ラピッド・オブソレッセンス」、つまり「急速な陳腐化」ですね。あらゆるものは、手に入れた瞬間から急速に陳腐化していくという。でもそれはあらゆる方面に浸透していて、分かりやすくお金をかけた贅沢指向だけではなく、そういったあり方に対する反動としてのロハス消費や断捨離もまた、ライフスタイル消費の一環なんですよね。降りたつもりでも、その実差異を求める争いに参加しているという。

西森 だからそれは「嫌儲」とか、「美魔女、イタい」とか「消費社会、イタい」と言っている人も、気づかずに踊らされているということなんですね。

水無田 ただ、「見る阿呆」より「踊る阿呆」のほうが楽しそうですよね。

西森 もちろんそうですけど、私はもう、ずっと踊らされてきたんで。

水無田 なるほど。

ゆるふわと「イタさ」

西森 「ゆるふわ」についてはそれほどフォローしていなかったんですけど、いろいろと検索してみたらもともとは髪型のことだったんですよね。エビちゃん（蛯原友里）が「ゆるふわヘアーが来る」って言ったのが、二〇〇六年五月。「髪のトップを軽くする『ゆるふわヘアー』が来るんじゃないですか」とイベントで言ったそうです。でも笑ってしまうくらいにあっという間に、「ゆるふわ」は、嫌われる存在になってしまう。

水無田　え？　ゼロ年代なかばに出た言葉なのに、もうダメなんですか？

西森　出たか出ないかってくらい、すぐ叩かれていましたね。「独女通信」という、「オンナの本音、配信中」をキャッチフレーズにしたサイトがあるんですけど、「エビちゃん風ファションに身を包む。他人に甘え、おぶさり、いつも幸運を待っている」「嫌いな仕事ではサボって、好きな仕事ではハシャギまくる」「（嫌な仕事が避けられないときは）泣いてまわりに救いを求め、それでも逃げられないときはズル休みをする」（「独女にジワジワ増えている『幼い女』と『困ったちゃん』」独女通信二〇〇七年〇六月〇六日）とか、すごい言われようで。

水無田　書いている人の脳内に住んでいる「嫌な女」像をまとめると、こうなったという感じでしょうか。

西森　脳内に住んでいる嫌な女像をまとめると「ゆるふわ」になっちゃうってくらい、嫌われている感じがありますね。

　かつて一世を風靡した、一世代前の現象をｄｉｓるのは、美魔女への視線と一緒なんですね。でも「ゆるふわ」はたたかれるスピードも早かった。

水無田　でもたしかに、自分の全盛期のファッションを捨てないのは男性もありますよね。さっき出た石田純一が靴下を履かない、とか。それはそれでひとつの道なのではないかと。

西森　ずっとやってると、一周してまた戻ってきますからね。二〇一三年には、石田純一の肩からカーディガンかけるファッションが完全復活しましたし。でも、サーファーブームが全盛期だった人はレイヤーカットが捨てられないとか。イヴ・サン＝ローランの19番だったか、CAさんやOLがこぞって青みがかったピンクの口紅を使っていたことがあって、そういうメイクが捨てられない人とかもいますね。

水無田　でも捨てられないものがあるって、幸せなことじゃないですかね。それだけ幸せな記憶が多いってことですから。

西森　ただ、やっぱり更新していかないと、イタイ人にはなっていくんで。

水無田　でも、イタさと自分なりのこだわりって紙一重じゃないですか。人から称賛されるこだわりとイタさって紙一重だし、時代が要請するものによって変わったりするでしょう。

西森　そうですね。イタくなれる人はある意味うらやましいんですが、でも、普通の人はそれを選べない。で、時代が変わったらイタさも変わってしまうので、今の風潮としてはイタさを早く見つけて、それを避ける。という行動パターンになってますね。というか、雑誌も「イタさ」をどう避けるかっていうテーマの特集も多いですよ。

水無田　ネガティブワーディングがすごく嫌われて、イタさを避けようとして特性のないつるつるの平凡な言葉があふれた社会になっていて、何ともいえない感じがします。私は詩書きでもあるので、時代に突き刺さるような言葉に惹かれる志向もあるんです。もちろんこのご時世ですから、対面でお話しすると尖がっていて面白い方でも、Twitterでは上手に抑制を利かせたりとかしているような頭のいい方も多いですし、それはそれで悪くはないとは思いますが。でも誰も彼もがそんなところまで気をつけるのがいいことなのかどうか、と思ってしまいますね。

西森　それはありますよね。でも、そこのさじ加減って今最も求められる能力ですよ。一言が命取りになったりしますから。

水無田　言葉には自分を縛る効果があるので、いつもポジティブであたりさわりのないことを言っていると、あたりさわりのない発想に縛られてくる部分もあるので、それは気をつけないといけないとは思っています。

西森　でもあたりさわりのないように気をつけるくらいじゃないと、すぐに炎上したりする怖さもあって、そういうラインを読むことも仕事の一部になっている面もあるかもしれない。

水無田　なんか、やること増えてません？

西森　増えてますね、たぶん。

水無田　辛いですよね。

西森　私はすごく中途半端な、突出したことができない環境で、ずっとそういうことを気にしながら生きているんで、それが抜けない部分もありますね。多くの女子が普通に働く環境で、突出するなんて、並大抵の神経じゃやってけないですよ。そういう意味でも「ゆるふわ」が使われているかもしれません。
ゆるふわも、処世術のひとつでもあるというのに、やりすぎると女性に嫌われたりするから、けっこう使い方が大変なんですけれども、もうひとつ、嫌われているものの要素として入っているのが、ちょっと懐かしい「アヒル口」。ゆるふわが嫌われる原因をネットや本で調べると、モテテクを使って実際にモテて、仕事でも要領がよくて、愛されたがりで他人に甘えて、好きな事だけしてしかもゆるい。それと……

水無田　アヒル口？

西森　アヒル口って、自然とそういう形の人もいるかもしれないですけど、なれてない読者モデルとかは、口の筋肉を無理にゆがめて、わざとアヒル口にしていることも多くて。その「わざと感」は、昔の人だったら見抜けなかったかもしれないけれど、今はどんなに巧妙でも同性なら見抜いてしまうんですね。だから、嫌われてしまうと。

水無田　八〇年代の女性アイドルが口を半開きにしていたような、あの感じですか？松田聖子とか、ビーバーみたいな口をしていましたね。目の違いはメイクで出しますけど、口には本人が出したがっているキャラが一番出るということでしょうか。

『ツイッターで人気爆発！みんな大好き アヒル口』まつゆう、2010年、マガジンハウス

西森　そうですね。八〇年代のアイドルだと、イーとい

う形で笑顔を作って、歯の裏側に舌をつけるというテクニックがあったようです。このテクニックについては、南野陽子が披露していましたね。アイドルがテクニックを披露したのは、これが最初くらいかもしれません。ただ、今やテクニックを一般人も使ってしまっていて。

水無田　なるほど。今、ゆるふわ精神を大切にしている雑誌ってあるんですか。

西森　『steady.』（宝島社）なんかがそうではないでしょうか。『steady.』って、二〇代ＯＬ向けの雑誌で発行部数ナンバーワンであることを一時期は打ち出していたんですよ。突出したキーワードや色があるわけじゃないし、とくに注目されている雑誌じゃないと思うんですけど。

水無田　ということは、それだけ目立たないようにしたい女の子が……。

西森　そうなんですよ。「そこそこ女子」というワードもあったり、「目立たない女の子と、目立たないようにしたい女の子が世の中にはたくさんいるんですね。

水無田　それは民俗学で言うところの、「姥皮《うばかわ》を被る」というあれじゃないですか？　要するに美しすぎる娘が、自分の身を偽ってまわりに溶け込むために、わざと老婆の皮を被ってごまかす、という。

西森　うーん、そこまで積極的な偽装ではなくて。

水無田　注目を集めないように気配を消す。

西森　そうですね。でも「全方位に愛されたい」とは謳っているんです。「全方位愛され服特集」とか。
水無田　「全方位愛され服」ってすごいですね。男性にも女性にも、どの年齢層にも、でしょうか。
西森　今は「女モテ」を捨てると嫌われるから、両方ほしいっていう空気がありますから。ただ、同じタイプの人たちの中、グループ内でしか女モテって効かないのかなって。他のグループでは、作法が違ったりするし。
水無田　逆に言うと所属階層での全般モテであるということですね。
西森　そうです。自分が所属しているところで嫌われないという意味だけであって、すごくモテモテの人たちの同性受けと、非モテの人たちの同性受けって、ぜんぜん違うんじゃないかなと。もちろん、いろんな所属階層では、同じように「両方モテ」は必要なんだけど、階層が違うとその「女モテ」の作法も違ってくる。例えば、すごく「かわいいねー」ってお互い褒め合うのがいいグループもあれば、自虐合戦が心地いいというグループもあるんじゃないかなって。
水無田　なるほど、そこで「ゆるふわ疲れ」をしているという。
西森　「ゆるふわ疲れ」をしている人もいれば、「自虐疲れ」をしている人もいるのかなって。でも、職場ではゆるふわにしていると、主に男性相手に関しては円滑に過ごせると思うんですよ。ゆるふわのほうが気遣いができますからね、きっと。

水無田　なるほど。で、やっぱりゆるふわ集団内で生き抜くサバイバビリティを高めるための知恵として、おじさま向けのゆるふわと、女子同士ではちょっとビッチになってみせたりとか、「ちょっとダメな私」を見せたりとか、そういうことをしなきゃいけないということですね。

西森　非常に高度なことを要求されているんでしょうね。男性にも、女性にも気を遣う。で、ゆるふわ疲れをすると、アイドルにはまったり、腐女子になったり。仕事はなるべく感情労働的なことを避けて、効率的にやるようになっちゃったり、スタッズ（鋲）だらけの男性が引くようなファッションに走ったり。ビッチになったり、フェミになったりする。自虐に走る人もいる。「ゆるふわ疲れ＝無頼化」かな、と。

水無田　なるほど！

西森　あ、でも、プライベートでは無頼化して、職場ではゆるふわでっていう選択も今はあるのかもしれません。

二　女子の国の獣道

母のように女に甘えたい男たち

水無田　『平成幸福論ノート　変容する社会と「安定志向の罠」』（光文社新書）を書いたときに、今の日本社会の多くのものは高度成長期に起源があるという図を作ったことがあります。

私は長めの文章を書くときには、頭の中で設計図面を引いて、各部分のパーツを組み上げていく書き方をします。本全体の文章が、頭の中では立体になっているんですね。もちろん書いてるうちに図面と変わっちゃうこともあるんですけど、部分を組み立てながら全体の構図が崩れないように書いていくんです。次頁の図は、その設計図面を分かりやすく平面に開いたものです。

高度成長期っていうのは、箱庭的な冷戦構造の中で国境紛争のようなものも「ない」とされていたし、3C（カラーテレビ、クーラー、自動車）の時代で豊かさへの希望があった。政

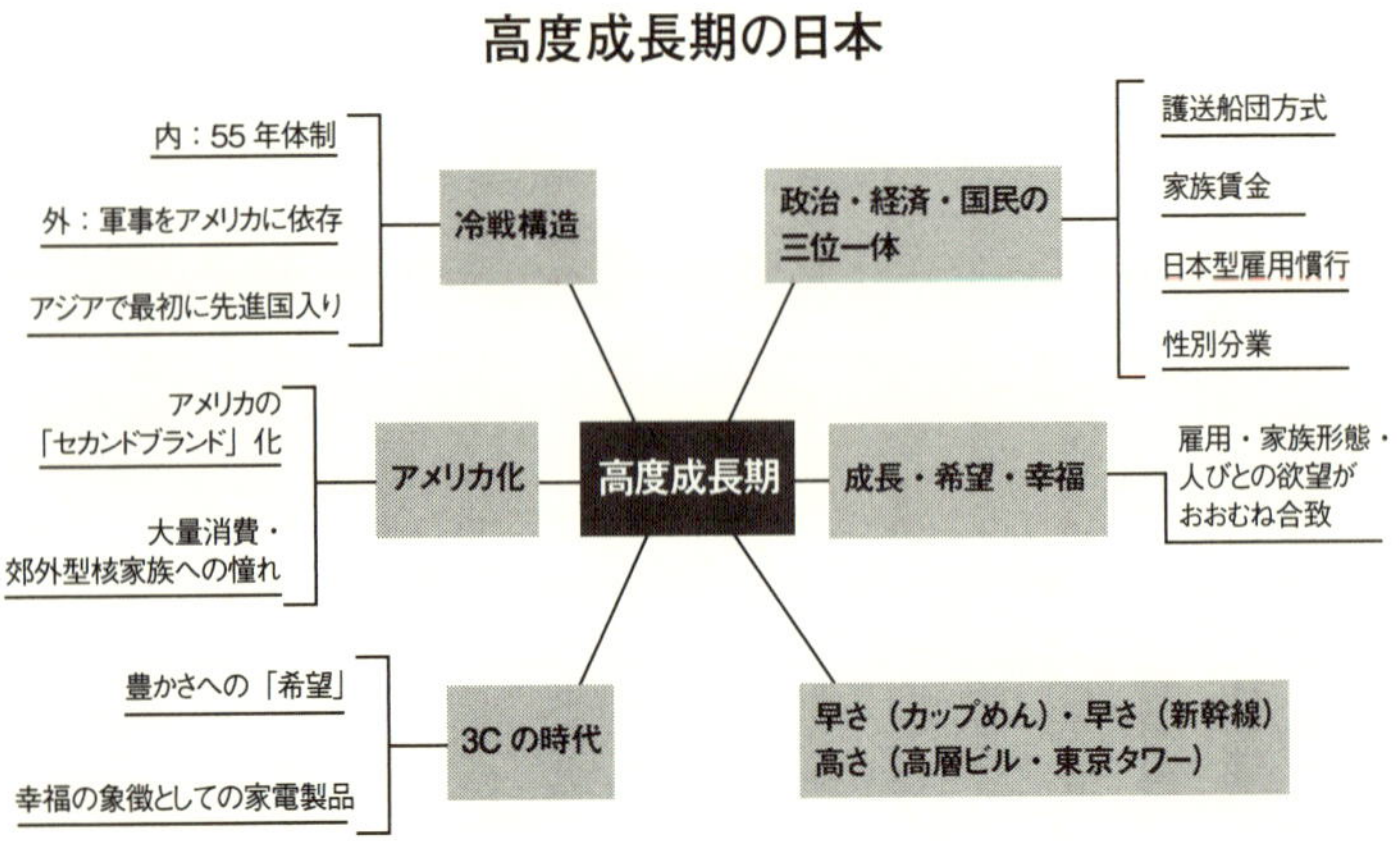

治・経済・国民が三位一体となっていた状況で、会社はめったなことじゃ潰れないし、男性が家族全員を養う「家族賃金」制度のもと日本型雇用慣行がきっちりしていた。性別分業が当然のようにある中で、成長・希望・幸福が概ね一致していた時期だった。

ここには「早さ・速さ・高さ」と書きました。カップ麺に代表される「早さ」、新幹線の「速さ」、東京タワーの「高さ」。今経済成長している国は、だいたい高いビルをおっ立てて、新幹線の速度を競って、事故を起こしたりしていますけど、日本の場合はこれがずっと続いてきたんです。

この企業戦士的な男性を支えるにあたって、戦前の女性像はゆるふわじゃなかった。「良妻賢母」だったんですね。家制度のもとで「娘のように従順に夫につかえる妻」

像、家制度のなかにぴったりと納まることがずっと推奨されてきたんです。

ところが戦後は核家族化と産業化、工業化が進みます。その背景として、企業戦士の夫を「母のように甘えさせる妻」像がすごく喧伝された時期があって、たくさんの言説が出てきます。

落合恵美子さんが「性役割の五五年体制」と言っているんですけど、だいたい六〇年代から七〇年代半ばの間に女子労働力率が低下します。働く人が減って専業主婦化していく。それから「主婦」が大衆化して主婦雑誌がすごく売れだすようになる。アメリカでもイギリスでも、主婦が大衆的なライフスタイルとして一般化すると、やっぱり主婦雑誌がすごく売れるんです。

西森 年末に家計簿がついて……。

水無田 ああ、『暮しの手帖』ですね。

西森 『主婦の友』とかもですかね。

水無田 そういうのもライフスタイル一般化の現れです。

家電の普及と家事の省力化によって、主婦は比較的時間がとれるようになります。でも、基本的にはあまり「暇」にはなれなかった。このあたりは東工大で私の同僚だった品田知美さん（社会学者。城西大学准教授）が詳しく研究されています（『家事と家族の日常生活——主婦はなぜ暇にならなかったのか』学文社）。

専業主婦が増加しだした五〇年代に何があったのか。女性自身もあまり意識しなかったことですが、五〇年代に「甘える男性」イメージが普及しているんです。

源氏鶏太という、一九五〇年代に「サラリーマン小説」と呼ばれたジャンルでよく読まれた作家がいるんですけど、彼が描いたのは「かわいそうなサラリーマンの姿」でした。『婦人公論』では、「サラリーマンの奥様は、いっそ、世話女房に」「奥様の掌の上でだけ威張らしてやって下さったら、それで本望なのです」などと語っています。またフランス文学者の河盛好蔵は『婦人公論』のエッセイで「男はまず母親に甘え、姉妹に甘え、そして結婚すれば妻に甘える。男が女に求める最大のものは、どのような自分をも大きく包んでくれる海のような広くて深い愛情である。男が女の存在に常々感謝しているのは、このような没我的な愛情は女にしか求めることができないからである」と書いていていました。こういう文章は他にもいっぱいあるんですよね。無署名ですが、「私は平凡な男である。世の常の男たちのように、私の自尊心を損なわず私を誰よりも大切に愛してくれるような女、どうしてもそうでなくてはいやなのである」などと語っている男性の意見もあります、要するに、全面的にふんぞり返って「甘えさせろ！」と言っているのが五〇年代のおじさまなんですね。三浦朱門や伊藤整などもそう言っていました。いや、女性の側もそれを当然視していました。司馬遼太郎の妻・福田みどりさんなども「男性を一等亭主にすべきではない」と論じています。ようするに家庭的な男性、今でいうとマイホームパパに男を作り直すとダメになっちゃうぞ、だから妻は夫の欠点をフォローすべきなんだ、という主張なんですね。

西森　甘えさせろっていうのは、今も根強く残ってますよね。昔は家庭の中で身の回りの世話やメンタルのケアでよかったのが、今の若い世代になると、今度は経済的な問題で、そこに加えて、働いて家計的にも甘えさせろってケースも出てきているから、以前よりも大変になってる状況もあるのかなと思います。

水無田　男性が一家の大黒柱として働きに出て、女性が家を守る。すでに言い尽くされていますが、この構図って近代化以降の話なんですよね。男性の本分は仕事のような公的領域で、女性は家庭など私的領域にいるべきだという分離は、近代市民社会が成立してできたライフスタイルです。とくに日本の場合、戦前は農業国でしたから、女性も一緒に農作業や小商いをやったりして、夫婦が一緒に働くのがあたりまえでした。もちろん「嫁」は労働力でもあったわけです。

西森　ああ、では、今も昔も心のケアと経済的なケアと、女性は両方必要であったことは変わりないんですね。

水無田　奥さま稼業だけをやっていられる人が増えたのは、大正時代の上流階層を中心にした現象です。この「奥さま」が憧れの対象になり、戦後に一気に大衆化したということですね。

「主婦の歌」なんて歌も作られるわけですね。「♪暗い顔しているな主婦、ニコニコいつも明るくせよ」とか「♪まっこと家は天国よ、妻は家庭のエンゼルぞ」などと謳われています。

とにかくニコニコと癒してくれる母親であることが主婦の役割なんだという思想ですが、民主主義と矛盾させずに男性の優位性を担保するには、女性に積極的に妻役割をやってもらって「甘えさせてやっているんだぞ」と思わせながら、尽くしてもらうという図式がすごく効率がいいんですね。男女同権と言いながらも、娘のように仕えているのはすごく辛い。男には欠点があっても仕事役割を遂行する上で役に立つんだから、他には目をつぶってやってくださいというその裏返しで、女性おだて路線がものすごいことになってくる。このあたりが癒し系礼賛言説の起源なんじゃないかと見ています。

西森 「おだて」があるだけまだよかったですよね。

水無田 今は「おだて」もないですかね？

西森 「おだて」って、性的役割分業が成り立っているからこそ、できることなんじゃないですかね。今は、男性がその分業から降りざるを得ないので、「おだて」が減っているのではないでしょうか。

水無田 そうかもしれないですね。つけ加えるならば、五〇年代の甘えさせる妻礼賛気運の背景には、「敗戦トラウマ」も大きく影響している気がします。

敗戦は、やはり男性の自信を圧倒的に失わせる。国家として自信喪失してしまう。社会ががらっと変わるとき、あるいはすごくネガティブなことが起きたときって、日本社会はいつも「厳しい父」の力ではなく、「優しい母」に慈しんでもらってもう一回生まれ変わろうとする、再生しようとする力が働くんですね。

社会史をひも解くと、戦前の一九二〇年代、三〇年代あたりから家父長制度に揺らぎが見えるんです。というのも、社会主義運動なんかが起きているんですよね。マルクス主義に傾倒したり、大正デモクラシーの中で自由民権運動も起こって、若い世代から家父長制は批判されていく。「厳しい父親」に厳しく言われれば言われるほどむしろ反抗して、思想的には社会主義に傾倒していきます。そのような進歩派の息子たちや娘たちが増えていくのに対抗して婦人会が作られたりとか、「優しい母」に慈しんでもらって家庭の絆を取り戻そうという気運が政府でも民間でも高まっていく。それが戦争を通じて挙国一致状況につながって、翼賛婦人会に変わってしまう。戦争教育に向かったわけですね。

現在の癒し系が礼賛される複合的な状況には、戦前からさまざまな素地があったわけです。家父長制度に支えられた力関係が崩壊して、「甘え＝愛情」という情緒的な表現が拡大して、戦後の主婦像が完成される。

その状況が定着した七〇年代は、三〇歳を超えた男女の既婚率、婚姻率は九割を超えていました。それが現在では、生涯未婚率は女性が一〇%を超えて、男性にいたっては二〇%超えです。

西森　これから四人に一人になるって噂もありますしね。

水無田　女性は四人に一人、男性は三人に一人になる可能性もあるという。だから結婚制度って、高度成長期特有のものというか、安定した経済成長ありきのものなんですよね。高度成長期のすごさは、経済成長と国民生活の平等化が同時に進行できたことにある。今の新自由主義では「経済成長するためには格差もある程度はやむなし」となっていますけど、GDP世界第二位に躍り出るほどの経済成長と国民生活の平等が同時進行で起きたのは、世界でも稀有な事態です。他の国は格差をある程度容認した上で成長を果たしている。

西森　アジアの他の国なんかはしっかりと階層化していますよね。

水無田　そうですよね。だから日本の状況はすごく特異だったんですけど、それを標準的としてしまったことが、その後の不安の拡大につながっている。国民生活意識調査なんかでも、現在では七割の国民が不安を感じるという結果になっています。

それだけ安定していた七〇年代にずっと二〇代だった人、つまり五〇年生まれコーホートの女性では、四九歳までに子どもを産んだ人が九五%。婚外子出生率が一%を切っていた時期ですから、ほぼ結婚している。で、結婚して子どもを生むと、ほぼライフコースは専業主婦一択なんですね。

今、おじさまたちは草食系男子などをすごく批判しているじゃないですか。結婚や恋愛に消極的だと。でも考えてみたら、高度成長期の女性のライフコースはほぼ専業主婦一択で、それ以外はいなかった。つまり女性は結婚しないと生きて行かれず、なおかつ結婚に対する期待値は男女ともそんなに高くもなかった。周囲は地域社会も親戚も職場も、ことごとく巨大お見合い市場と化していて、独身と見れば誰か彼か世話をしてくれた。コミュニケーション能力もモテ力も問題にはならない。これって、ベリーイージーモードで恋愛シミュレーションゲームをクリアするようなものですよ。何しろ女性のキャラタイプはほぼ一択なんですから、男性から見たらすごくイージー。

西森　そっか。ほぼ何も考えずとも、結婚して子どもを産む生活に移行していたってことですよね。

水無田　そう。だから七〇年代までは、女性は何も考えていないと結婚して子どもを生むことになっていた。でも今は何も考えていないと結婚できないんですよね。

二〇一一年に、未婚・フリーランス・三〇代の男性の方から立て続けにインタビューを受けたんです。全員が「女性がすごく高望みになっていて男性が結婚できなくなっていることに興味がありまして」「正直、自分の問題としても深刻です」と口々におっしゃる。でも私、答えなんかなかなか出せないです（笑）。「はあ、そうですか」と……。

西森　七〇年代に二〇代だった女の人が今六〇代で、その子どもがアラフォーとかロスジェネくらいですよね。その人たちが結婚しにくいのって、結婚なんかあたりまえだと思っているお母さんに「あなたもあたりまえにできるのよ」って教えているからじゃないかって……。

水無田　そうなんですよね、誰でも結婚できるんだよって教えられているから。

西森　「あ、そうなんだ」と思いこんでしまっている。同じ年くらいの女芸人さんがお母さんにやっぱりそういうことを言われていたというのを聞いて納得したことがありました。自分も、自分の友だちも、結婚していない人ってたいていそう思って生きているな、という感じがするんですよ。

水無田　なるほど。私は母がちょっと変わっていて、かなり端的に子どもの特性を指摘する人だったんですね。「おまえは変わり者だからね、よほど面白い趣味の男の人でないと、お嫁さんにほしいとはまず言われないだろうし、普通にOLさんになって、まわりの上司のおじさんたちに可愛がられてやっていくっていうのはまずできないだろう。だから、とにかく一人で一生ご飯を食べていけるように、自分の得意なことを見つけるためにがんばって勉強しなさい」って言われて育ったんです。まあ、本当にそれは的確な助言でした（笑）。

うちの母方は旧家で、しかもすごい女系家族だったんです。母も三姉妹で祖母も三姉妹。しかも、いつも女性の教師が下宿していたそうです。下宿といっても部屋を貸していたというよりは、祖父が学のある人や芸術家が好きな篤志家で、喜んで住んでもらっていたようなんですね。他にも女中さんやらばあやさんやらがいて、ものすごくにぎやかな女所帯だったようです。母も女子大に行って家庭科教師の免許を取って、洋裁を習って和裁を習ってお茶とお花の免状取ってお見合いして結婚したっていう人たちで……さぞかし女らしいと思うでしょう？

ところがめっちゃ男らしいんですね。母だけじゃないんです。一族全員男らしい女たちという……。良くも悪くも「男性の裁量を仰ぐ」という、世間一般で行われているようなお約束事が起きない。重要なことも、危険できついことも、全部女がぱっぱとやってしまう。そのせいか、私は共学に通ってはいても、女らしい身振りがまったく身に付かなかったんですね。

西森　でも、結果的に、お母さんの教えの通り、勉強して一人で食っていけるようになって、しかも結婚しているじゃないですか。自分のまわりの未婚の人は「普通にしていたら結婚できるんだ」って言われて育っていて、そのくせお見合い制度も崩れておせっかいおばちゃんもいなくなっている。かといってエンコーできるほどはっちゃけた世代でもなくて。今婚活にやっきになっている人も、ずーっとぼんやりしてきただけだと思うんですよね。

水無田　そうですね、誰も彼もがそんなに積極的に人生の選択肢を考えないですよね。

さっきの男性インタビューアーたちに「結婚相手だけはどうしても譲れないと思いますか？」と尋ねると、みんな「うんうん」頷くんですね。第一志望の大学に入れないとか、志望していた企業に入れないのは我慢できても、結婚相手だけはどうしても妥協できないとおっしゃる方がすっごく多いんです。

西森　自分も含めて、結婚相手は自分の分身や鏡と考えているでしょうからね、そういう気持ちはもちろんあるでしょうね。

水無田　たぶんほとんどの人が七〇年代までは、結婚相手なんてそれほどこだわりをもって選択する対象ではなかったと思うんですね。めちゃくちゃ問題ある人でなければいいや、誰でも結婚するんだしっていう感じで。でも今日の社会状況が厳しくなってきていて、本音もなかなか見せられなかったり、社会の中でうまく生きていくのが難しかったりする。思うようにいかないことが多いので、最小単位のユニットである「家族」くらいは理想通りにしたい。一生いっしょにいるパートナーと私的な関係性を築くことにだけは妥協したくないという熱い思いが、かえって結婚を遠ざけている気がするんですよね。

西森　たぶんですけど、結婚相手は自分を映し出す鏡であるべきと思っているから、自分の理想より下であることは耐えられないんじゃないかなって思うんですよ。男性は特に、結婚によって自由な時間、お金などが減ると考えているのに、労力や責任は増えると考えているから、メリットがぜんぜん思い浮かばない。そんな中で、どうにか結婚のメリットを考えていくと、自分の理想の女性でないと困るという思いが強いのではないでしょうか。だから、何もあなたからは奪いませんよ、低コストですよという女性のアピールが出てくるんでしょう。

八〇年代版「女の幸せ」と東電OL殺人事件

水無田　『とらばーゆ』（リクルート）が創刊されたり雇用機会均等法が施行されたりした八〇年代に、女性の生き方が多様化して、ようやく女性が自己主張デビューをしたんじゃないかと私は思っています。「タカビー（高飛車）」女性も出てきます。それまでは自己主張をせずに控えめにしていたほうが、世話焼きおばちゃんや会社の上司がお見合いの話を持ってきてくれた。でも結婚・恋愛が自己責任となると、そりゃ学歴も年収も身長も低いより高いほうがいいって、みんな言いますよね。

でもバブルの頃って意外と性経験率が低いって話、前にしてましたよね？

西森　らしいですね。ちょっと上の世代の友だちに聞くと、ファッションやノリはイケイケなんですけど、すごく保守的でもある。アッシーやメッシー、ミツグ君とも、全然そういう関係がない。

水無田　逆に言えば、セックスしなくても、いろいろ男性がやってくれたわけですね。

西森　女の子がその場にいるだけでうれしいからクラブに呼んだりとか、景気のいいときはしていたみたいですね。それでタクシー代を渡して帰らせるとか。すぐに性交渉しないほうが、にんじんがぶら下がってる感じでいろいろしてくれたのかもしれません。

水無田　「タクシー代もらって帰る」って常識が成立していたのも、バブル文化圏ですよね。

西森　ですよね。私も、ウワサでしか知りません。ホイチョイプロダクションの映画とかも、バブル期のイケイケな恋愛を書いているように見えるけど、ストーリーはやっぱり純愛だったり。あと、一九八八年のトレンディドラマ「抱きしめたい」を見ても、ちょっと男性とホテルに行った女性が「責任とって！」とか言っていたり。今だったら、それくらいで「責任とって！」という脚本は書けないですよね。ぶっ飛んだヒロインが出てきたのが「東京ラブストーリー」とかですね。

水無田　「東京ラブストーリー」は、女性社長を目指している鈴木保奈美の自立と女の幸せは両立しないで、家でおでんを作って待っている有森也実に織田裕二は惹かれてしまうわけですよね。すごくバブルっぽい設定で……。

西森　あ、あれバブル崩壊と同時くらいでしたっけね、たぶん。

水無田　そうか、一九九一年ですね。紺ブレを着た鈴木保奈美が、なんか眩しかった記憶だけがあります。

八〇年代のもうひとつの側面は、消費社会の爛熟です。消費社会化って、格差が見た目によりかく乱されるんですよね。このあたりはドイツの哲学者、ヘルベルト・マルクーゼが一九六二年に『一次元的人間』という本で書いています。たとえば、黒人の従業員と社長が同じキャデラックを持っていたら、見た目は同じ階層になってしまうと。見た目で準拠集団的な意識ができあがるんだということを指摘しているんですね。

西森　日本では階層に限らずヴィトンを持っているとか言われてましたよね。

水無田　八〇年代が「女の時代」と言われて、糸井重里が西武百貨店のキャンペーンでウッディ・アレンを使って「おいしい生活」とか言ったり、「ほしいものが、ほしいわ。」と言ってみたりしていたんですけど、これは「本当にほしいもの」が見えにくくなった時代を象徴していますね。その中で、企業のほうでは、持っているモノをどうやって捨てさせて新しいものを買わせるかとか、消費者の方は、未来の収入まであてにしてクレジットカードで買い物をするとか、そういった消費社会の技法が完成したのがこの時代でした。

西森　断捨離の兆しがこのころからあったんですね！

水無田　ただ、子連れ出勤論争が起きたのも八〇年代なんです。論争のはじまりは、アグネス・チャンと淡谷のり子の対決だったんです。淡谷のり子が（声真似をしながら）「芸能人はね、夢を売る仕事なのよ」って言って。

西森（笑）

水無田　ありがとうございます。このモノマネを授業でやったら、学生がポカンとしてしまったことがありまして……。どうやら淡谷のり子が分からなかったみたいで、失敗したなと思いました。

ともかく、これは働く未婚女性と既婚女性の対決でもありました。そもそも既婚女性はあまり語らない人が多くて、反対に論客の女性は大方子どもがいない時代でもありました。だからビジネスマンとしての立場からの子連れ出勤批判が多かったんだけど、最終的にお互いの立場が相対化されて、社会学者が収めた形になったんです。この時代を象徴するような事件でもありましたね。雇用機会均等法が施行された後、そして育児休業法施行前の時期に起きた論争だったので。この時期は、共働きが増えつつもまだサラリーマン世帯は専業主婦のいる方が多数派でした。

次頁の図をご覧になっていただけば分かるように、一九九七年に専業主婦のいる世帯と共働き世帯の数が完全に逆転しています。その後も若年層ほど共働きじゃないときつくなってきているので、どんどん増加していくでしょう。なぜかというと、まず総体的な賃金水準の低下傾向が指摘できるからです。若年層ほど非正規雇用も増加しているこ

共働き世帯の増加

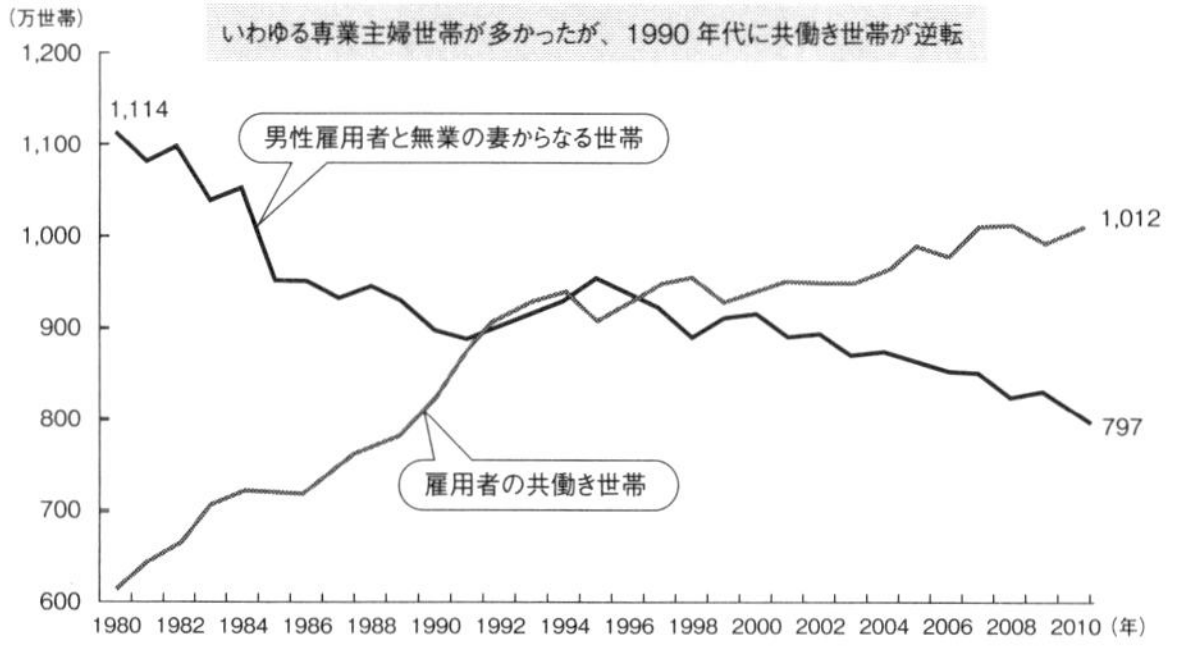

資料：1980年から2001年は総務省統計局「労働力調査特別調査」、2002年以降は総務省統計局「労働力調査（詳細集計（年平均）」より厚生労働省政策統括官付政策評価官室作成

（注）1.「男性雇用者と無業の妻からなる世帯」とは、夫婦ともに非農林業雇用者で、妻が非就業者（非労働力人口及び完全筆業者の世帯。
2.「雇用者の共働き世帯」とは、夫婦ともに非農林業雇用者の世帯。
3.「労働力調査特別調査」と「労働力調査（詳細集計）」とでは、調査方法、調査月などが相違することから、時系列比較には注意を要する。

とから、雇用も世代を追うごとに不安定化するでしょう。端的に言って、男性片働きモデルは、今後家計破綻リスクが高まることが予期されます。

　ライフコースと重ねあわせても、片働きモデルでは間に合わなくなる可能性が高い。男性も昇給ペースが鈍化してきている上に、晩婚化・晩産化してきていますね。たとえば四〇歳で家のローンをフラット三五で組んだら、払い終わるのは七五歳ですよね。今では四〇代夫婦の子どもが幼稚園に通っているのも珍しくありませんし、そうなると大学に子どもが行って、家のローンが残っているのに定年を迎えて、年金だってどうなるか分からない。

　だから、学生にはできるだけ「共働きのほうが家計破綻リスクは低い」と言っているんですが、受け取られ方はさまざまですね。また、同じ「共働き」でも、意識には温度差があります。たとえば今どきの男子学生は「共働きの方がいい」と言う場合でも、よく聞いてみると上から目線なんですね。「妻が働きたいと思うなら、働かせてあげてもいい」とか、働くのを「許可してあげてもいい」とか、好きなことを「やらせてあげてもいい」とか。まだプチ「一家の大黒柱」の感覚がありますね。本当は、さっき言ったような現実を鑑みれば、「働かせてあげてもいい」どころではなくなる人が増えるのは、間違いないんですが……。

西森　最近の男性は自分一人の稼ぎでやっていける自信もないので、逆に働いてほしいという人の数が増えているようです。男性は「結婚したら妻に専業主婦になってほしいか」という質問に、なってほしいと答えた人は一六％、なってほしくないと答えた人は八四％だったというマイナビニュースのアンケート結果もあるくらいで。ただ私は、自分の周囲にいる人がそういう人が多いだけかもしれませんが、先ほどの「低コスト女子」の話じゃないですけど、男性からお金や時間や自由を奪わない人、つまりけっこう稼いでいる女の人の方が結婚しているイメージです。特に、アラフォーになって結婚する人は、むしろ男性よりも経済的にしっかりしている人しか見ないですね。「働かせてあげてもいい」と言っている男性も見たことがないんです。

九〇年代の日本と女たち

水無田　ちょっと年代は遡りますが、九〇年代はやはりバブルとその崩壊が大きい。九二年のジュリアナ東京絶頂期にバブルが崩壊して、それから日本社会がどんどん不穏になっていく。ジュリアナとかやっぱり「バブル！」って感じですよね。それをダブルのスーツを着た「ヤンエグ（死語）」が仰ぎ見るという……。

西森　サラリーマンのスーツのままで踊るというのもすごいですよね。TPOという概念がまだ薄かったというか、洗練してなかったというか。

水無田　モスグリーンやラベンダーカラーのダブルのスーツとか、今は見ないですよね。それから、消費社会化が地方にどんどん押し寄せてきて、「ファスト風土化」していく。ファスト風土って言葉は、幻影化され非日常化される消費空間の姿をうまく表現していますね。九〇年代は、大型ショッピングセンターが地方郊外にも登場しだした時期でした。バブルがはじけて、いよいよ社会がファストでチープになってきたかたちですよね。

そんなときに「東電OL殺人事件」が起きる。最近、容疑者だったネパール人男性の冤罪が認められましたが、被害者は時代に殺された感じですよね。エコノミストで仕事ができるにも関わらず出世は遅れるし、三九歳という年齢もあった。

西森　いや、すごかったですね。水無田さんの書いていた、湯のみ茶碗の話を見て、感情労働について考えさせられました。

水無田　湯呑み茶わんをがちゃがちゃ揺らして割ってしまったとか、いろいろエピソードがありますが、本当に「会社の女の子役割」が苦手な、すごく不器用な人だったんでしょうね。雇用機会均等法よりも以前に総合職的な立場で入社した人なんですが、やっぱり入った以上は女の子役割を担わせられてしまって……時代の病理といってしまうとすっごく陳腐なんですけど、当時の東電ＯＬは雲の上のエリート会社員だったのに、なぜか親近感を抱く女性は多かった。多かれ少なかれ、「女の子役割」との不調和を抱えながら働いていた女性は、たぶん予想以上に多かったのだろうと思うんです。

西森　エリートの能力と女の子の役割の、両方が必要とされてしまう。今、就職活動とかの段階で、この両方できてないと難しそうというところまで来ている気がしますね。

水無田　女子力というか、「ゆるふわ」って言葉がそのときにあったら、彼女はもう少し救われたのかもしれませんね。

西森　さっきも言いましたが、職場とプライベートとで、割り切ってキャラを使い分けたらよかったですよね。それもしんどいですけど。

水無田　キャラ化するっていうのは、うまく自分の深層を隠して、脆弱な部分を人にさらけ出さずになんとか世を渡っていくことですよね。でも彼女はそういうことができなくて、拒食症で二回ほど入院までしています。成長の拒否とでもいうべき部分が彼女にはあって、それは本当に気の毒だと思います。最近話題になった婚活詐欺殺人の木嶋佳苗被告の、拒食症どころか自分の食欲をまったく我慢しない性格とは正反対ですよね。

西森　でも佳苗に対しても、東電ＯＬと逆の意味で共感する女性も多かったという。

「くたばれ専業主婦」のゆくえ

水無田　そして九〇年代後半から二〇〇二年ごろにかけて、「専業主婦論争」が起きます。専業主婦論争はそれ以前にも、五〇年代、六〇年代、七〇年代と起きているんですが、このときはフリーライターの石原里沙さんなどを中心に沸き起こった論争でした。「サラリーマン＋専業主婦」カップルという図式がどんどん揺らいできて、専業主婦が少数派になってくると、彼女たちが専業主婦であることの理由が必要になってきます。

七〇年代に女性の就業率が下がったときは、就労者は短大卒や高卒の腰かけ的な仕事をしている未婚女性で、既婚の女性が七割くらいになっていた時期なんですね。ところが九〇年代になると、働く女性の多くは非正規雇用になっていました。ドラマなどに出てくる「働く女性」のイメージは肩で風切って歩くキャリアウーマンですけど、実態はいわゆるパートのおばちゃんが大半です。この時期すでに、日本で働いている女性の五割は四〇代以上ですし、この層の女性は非正規雇用での再就職組が多いですから。そのような変遷を経て、専業主婦をめぐる言説が「ぜいたくだ」「非効率だ」といったものや、「共働きの方が家計のリスクが低い」とか、あるいは山田昌弘さんが「警告！　専業主婦は絶滅する」（『文藝春秋』二〇〇一年二月号）で「歴史的役割を終えている」と言ってしまったりする。

さらに「失われた一〇年」に突入して新自由主義的な傾向が充満してくるなかで、専業主婦復権派の林道義さんと否定派の石原里沙さんががんがんやっているわけですが、林道義さんは一見すると主婦を応援しているようで、実は「美しさ」を暗に強要しているという意味では、まるっきり主婦の味方ではなかった。美しさの強要は、女性がずっと苦しんできた抑圧そのものですから。

これに対して石原里沙さんは、感情的な意見が目立つものの、一見すると書籍にも『くたばれ！　専業主婦』と批判的なタイトルをつけておきながら、グータラな主婦とか、「私ホントは働くのキライだから専業主婦やってるんです」という女性や、いわゆるヤンママをむしろ褒める。自分の欲望に忠実でよろしい、と。「主婦だって辛いんです」と言って泣くような女が嫌いだ、イラッとくると言うんです。

こういうところに、家族の個人化や自己責任が許容される社会になって、専業主婦がその意義というか「キャラ」を決めかねるようになった経緯が見えるんですね。

西森　あ、でも『ＶＥＲＹ』（光文社）とかになると、二〇一二年までは、専業主婦の価値が高かったんです。秋元康が希少価値に寄っていくのと同じで、本当は専業主婦の数ってすごく少ないわけじゃないですか。それでも『ＶＥＲＹ』読者が六人集まると、三人は専業主婦だったりして。ただ、二〇一三年の九月号では、ワーキングママを大特集しました。『ＶＥＲＹ』読者は、一〇年前は専業ママが七割だったのが、現在は五割に減っているとのデータもあり、今後はワーキングママ向けの記事も増えそうな予感ですけどね。

水無田　専業主婦に関しては現在では階層の格差が大きくて、子どもを預けられなくて無職で夫も低所得という層と、ただたんに旦那の所得が大きいから専業主婦、いわゆるセレブ妻とに分かれてしまう。かつては、夫が低所得なほど妻は就労していたのですが、近年はむしろ夫が低所得なのに無職という妻も増加していますから。この傾向は総じて、世帯間格差を拡大の要因にもなっています。もちろん若い女の子たちは後者になりたいわけです。

三　女子の国の冥府魔道

「失われた時代」以降の気分

水無田　失われた一〇年以降は政治、経済、国民の三位一体がどんどん解体していくわけですね。成長、希望、幸福を見ていた時代ももう終わってしまって、イケイケの消費礼賛主義からスロー、ローカル、コンパクトへと人の心が動いていく。欲望の沸点が低い時代です。

だから『おおかみこどもの雨と雪』の低コスト女子は、まさにこの時代の要請にあっているんです。でも他方で「おひとりさま」や「負け犬」のような個人化もすごく進んでいる。晩婚化や非婚化、少子高齢化、社会全体の個人化が進行しているんですね。それまでは家族が担っていたセーフティネットやケアワークにもありつけない人が増えていく。

西森　低コスト女子になって家庭に入ると、今度はセーフティネットやケアワーク要員になることを期待されますしね。

水無田　今までの日本の男性は、近隣とのつながりがなくても会社に所属していれば一生身分を保証されたし、育児も、自分が高齢化してからの介護も、すべて女性が担ってしかるべきという前提があったので、全身会社人間的なライフスタイルが標準でいられたんです。

でも現在では、今までのようであっては、やはりまずいことになってくる。なぜかというと、未婚化・非婚化・晩婚化してきているので、家族のケアにありつけない男性が増えてしまって、とたんに孤立化リスクが急上昇するわけですね。

東京都監察医務院に運び込まれる一人暮らしの不審死でも、だいたい男性は女性の倍ですから。

西森　報道のせいか、イメージ的には女性の孤独死のほうが……。

水無田　飯島愛さんみたいなイメージですかね。でも、実は孤独死は圧倒的に男性が多いんです。

西森　なかなかこういうことって直視したくないですしね。

水無田　この国には、確実に「おじさんの孤独問題」があります。巨大すぎて見えない問題なんですが……。ＯＥＣＤ調査だと、日本の男性は世界で一番孤独だそうです。なぜかというと、仕事以外の人間関係のほとんどない人が、世界的に見ても図抜けて多い。

地域とのつながりもない。退職してからやることが何もないから、奥さんのやることに「わしも、わしも」とついてくる「ワシモ族」になったりする。

西森　今、退職したばかりの男性とかは、職場でも威厳を保つことがあたりまえだった世代でしたから、孤独であることを知られるとプライドが傷ついたりするんですかね。今の二〇代、三〇代なんて、男の子だけで業種を超えて遊ぶのも大好きだし、男だけで旅行に行ったりしてますよね。

水無田　「セカンドライフを考える」というテーマで、引退したおじいちゃんおばあちゃんを相手に講演するという仕事を引き受けてしまって、冷や汗をかきながらやったことがあるんです。なるべく明るく話そうとやってみて、女性は明るく聞いてくれるんですけど、男性は深刻な顔をしてメモを取っていたりする。思わず、「ごめんなさい」って心のなかでつぶやいてしまうほど真剣に……。ともかく、男性の孤独は、洒落にならない。

でも女性は女性できついものがあります。私は「第一次無頼化」が八〇年代、「第二次無頼化」が九〇年代と分析しています。

酒井順子さんの『負け犬の遠吠え』が二〇〇三年、ゼロ年代後半からは無頼化と保守化傾向が同時に進行した。一〇年代にはＳＮＳなど接続過剰な日常がやってきて、西森さんがおっしゃったようなステルスで気配を消す女子も増えた。

あるいは「労働のポストモダン状況」とでもいいますか、はっきりとした所属がない人たちが増えました。ゼロ年代は自立した女性のイコンといえば「カツマー」だったんですけど、昨今では労働の流動化を反映してノマドが期待されたりといったことが起こります。

ゼロ年代に流行った女子をめぐる流行語の、とくに家族関連語を分析すると「負け犬」「おひとりさまの老後」「婚活」と、全部「孤独死」リスクをオブラートに包んで表現しているんですね。「負け犬」は長じて孤独死に至る可能性が高い。「おひとりさま〜」は、そのものずばりです。だから「婚活しましょう」になるんですけど、婚活した結果、木嶋佳苗に引っかかる人もいるわけですよね。

私は「無頼化」を、「他に頼むものがなく、一人で生きていくことを前提にあらゆる価値基準を決定するようになること」と定義しました。女性については、一人でがんばるとどんどん縁遠くなる。男性から敬遠されがちになってくる。もっと言うと孤立化してしまう。で、ますます無頼化する。ますます人が寄りつかなくなる「無頼化スパイラル」に陥るんじゃないか、そこが私はすごく不安なんですよね。

まず根本的な問題として、この国には女性への要請がすごく矛盾しているということがありました。その一番大きなものが、「理想的な建前としての平等」と「実質的経済的な不平等」の矛盾です。市民として、人間としては平等であるべし。でも、女性が一人で一生自分だけの力で経済的に自立するのは困難です。だからいきおい、女性は配偶者を選ぶ際自分の経済的庇護者としての資質を重視する。これが、昨今の結婚難の主要因になっているのはご存じの通りですね。

西森　男性が自由や時間やお金が奪われるような気がするのもそのせいですね。

水無田　総体的にながめると、そこにあるのは「女性が正しくても幸福になれない社会」です。たとえば社会の不平等や雇用環境に物申しても幸せにはなれずに、仕事力はあっても女子力が乏しい東電ＯＬは悲惨な最期を遂げてしまう。挙句の果てに負け犬論争も起きて、女性たちの不安を煽る言説も増えました。自衛策としてカツマーからノマドになってみるけど、あまり普及してはいません。これらは結局都市部在住の、さまざまな社会的資源にめぐまれた女性向けだからでしょう。そうではない「マスとしての女性」はやはり何かしっくりこないものを感じたまままとりあえず働き続けている、というのが現状ではないでしょうか。

西森　そうですね。女性の平均収入のグラフをこの前見たんですが、女性は働き始めてから、六〇代に至るまで、ずっと平均年収が三〇〇万円をうわまらないですよね。それは、もしかしたら、これまでの「男は外で仕事」ということが根付いていて、そこから変化がおこってないからかもしれないですね。

でも、結婚をするにしても、男性と共に稼ぐつもりでないと男性が逃げ腰になってしまうということからしても、働くことは不可欠な感じはするし、私は、働く女性は強くて主張を曲げなくて男性からすると怖いからモテない、みたいなイメージは払しょくしたほうがいいと思いますけどね。

水無田　たとえば酒井順子さんの負け犬論争は、「未婚、子ナシ、三〇代以上の女性は負け犬」だということでした。でも酒井順子さんといえば、私たちの年代の憧れのお姉さまですよね。立教女学院高校在籍中から『オリーブ』にコラムを書き、そのまま立教大学を出て大手広告代理店に勤めてフリーになって、一線でずっと働いてこられるみたいな方で、おきれいですしね。

西森　泉麻人さんに見いだされて『オリーブ』デビューしたとき、私見てましたね。文化系のシンデレラストーリーみたいに思っていました。

水無田　この負け犬は、もともとはいわゆる東京のいいとこの私立女子校文化圏の話なんです。同窓会に行くと、みんなお互いのピア、つまり「同朋集団」が気になっちゃって、「あの程度で手を打ったら……」と思われるのが嫌なので、結婚がなかなかできないといったことが挙げられている。彼女たちが、「私たち仕事で充実してる」とか「幸せなんです」とか言ってもしょせん負け犬の遠吠えなのよね、っていう話で、でもそれはすごく余裕がある人たちの、自己諧謔の身振りであったわけです。実際には女性は働いていても非正規雇用の人が過半数である上に、年間通じて給与所得がある人でも七割が三〇〇万以下なので、やっぱり責任ある仕事にもなかなか就いていない。なおかつ、ぼーっとしてたら婚期も逃しちゃったし、という人が多い。

西森　それ、全部私ですよ。

水無田　えっ？

西森　昔の私ですね。結局、業種は華やかに見えても、テレビ局はアナウンサー以外は非正規雇用というところも多いし、責任ある仕事には就けないし、年収だって最初はよくても、だんだん上がらなくなってくる。でも、結婚は自然とできるものだと思っていたから、目的化もしていないし、白河桃子さんが提唱しているモヤモヤ女子というのと近い感じでしょうか。

水無田　都市部の勝ち組負け犬は圧倒的少数派で、負け組負け犬が多数派なんですが、この「負け犬」という言葉が一般化されてしまったことが問題でした。本格的に、負け組負け犬の人たちを傷つけることになりましたね。

でも、先頭旗手であった林真理子さんは、「負けて」いるが「不幸」ではない、「彼女たちは幸福なのだ」と、わりとこれに好意的に受け取っている。すごく満ち足りた女性が出てきた、という言い方をされるんですね。

西森　酒井さんや勝ち組負け犬だけを見た場合は間違ってないですけど、負け組負け犬を見たら、そうは言えないかもしれないですね。

水無田　もっとも林さん自身は、結婚に子どもに美貌まで入手されてしまった、ある意味負け犬進化系究極勝ち犬なんですが……。それはともかく、女性のライフコースと「勝ち負け」なんですけど、婚姻上の地位に基づいては勝ち犬、負け犬になるわけですけど、「勝ち組負け犬」対「負け組負け犬」、さらに「勝ち組勝ち犬」対「負け組勝ち犬」とか、いろいろ組み合わせがある。「パートでやっと家計をささえているような主婦にとっては、負け犬こそ勝ち組に見える」とかね、もうみんないい加減にしろよ！　って感じで（笑）。

だから、女子界にも坂本龍馬みたいのが必要なんですね。もう、ホントに「負け組負け犬、勝ち組負け犬、ゆうちゅう場合じゃあないがやか！」って言っていただきたいぐらいです。二〇代ぐらいの女性は、これを見てどう思うかっていうと、そのあまりの不毛さに嫌気がさしたのか、専業主婦志向になってしまうんです。若年層ほど性別分業賛成派が多くなってきている。

これは年齢階層別ではありませんが、「女性は仕事に出るべきではない」に賛成か反対かという国際調査がありますが、「女性は仕事に出るべきではない」に賛成の国は、一位がインド。インドにはカースト制がありますし、女性蔑視も根強い。女性が働く環境が整っているとは言いがたいです。二位がトルコ。トルコはイスラム教徒がほとんどで、女性が働くべきではないとする人が多い。そして日本が三位になるんです。やっぱりすごいです。宗教的縛りがない先進国では、図抜けて保守的な国民ともいえます。

西森　すごい結果ですね。

水無田　東京にいたらそうは思わないかもしれないけど、先ほど西森さんがおっしゃった地方からの目線ってすごく重要なんですね。

西森　はい、そうだと思います。

水無田　メディアの人たちは、そういうことを視界に入れてこなかった。だからケータイ小説の読者は郊外とか地方の女性が多かったんですけど、ああいうものがヒットしてしまって、大慌てする。でも、なんてことはない。女性の多数派は、自分の力だけでサクセスして「自立した大人の女性」になるなんていう言説は、全然リアリティーがない。それが、ずっとあたりまえだったんですよね。

西森　あと、私が気になるのは、地方＝ケータイ小説を読んでいるような女の子がいる地域って思っているみたいですけど、田舎にも、ケータイ小説も読まない、文化系な感じの人もいっぱいいるのに、それが都会の人には見えていない感じなんですよね。山内マリコさんの『ここは退屈迎えに来て』っていう本は、わりと私が田舎で感じていた世界を書いていると思いました。ヤンキーでもなくて、そこそこの文化系な趣味も持っていて、ちょっと自尊心もあったりするんだけど、それを満足させる仕事は見つけられないし、話が本当に合う人もいないし、行くところはロードサイドのショッピングモールしかないんだけど、そこでも、どこか浮いていて居場所が見つけられないっていう。

水無田　あの小説は、そういう気分をよくとらえていると思いますし、その点は評価します。ただ他方で……あまりにも「分かりやすい」、そこが引っかかります。ファスト風土的な風景と、女の子の閉塞感の関係が。やっぱり小説などの文芸表現には、社会学者やマーケティング分析が言い古したことを後追いするよりは、もっと新しいものが出てきてほしい。社会学者としては、その方が分析の意欲は湧きますよね。

私がまだ、表現というものに対して夢を持ち過ぎているのかもしれないですが。私は実作者でもあるので、あえて言い古されたことを言う意義も理解しているつもりですが、少なくとも表現の世界では、分かることだけじゃなくて分からないものがもっと出現してほしいと思っています。同時に、最近の小説を読んでいると、分からないものに対して、もしかしたら許容度が低くなってきているのかな、という気もするんですね。表現の世界でも、分からないものを面白がるって余裕がなくなってきているのかなって。それがすごく怖いです、私は。

西森　まあ、クドカンなどが代表するように、自分たちの同時代性やキーワードを物語の中に見出して楽しむいわゆる「あるある」が受けるっていうのは気分としてはありますね。それはそれでアリだと思うんです。分からないものを面白がれないというのは、また別の問題だとは思いますが、それは私も気になるところです。

専業主婦になりたい

水無田　で、女性の専業主婦志向に関して、性別分業に肯定的かどうか、二〇代は四割が賛成です。これは六〇代に近い数値です。四〇代、五〇代が低いんですね。家事は、もううんざりだからって言うのもあるんでしょうけど。

西森　私は、性別分業って、それが男女の間でうまく機能するんだったら否定はできないと思うんですよ。昭和妻の時代ならそれが成り立っていたように。でも、今、男性のほうは、収入が以前より落ちていたりして、かってやってきていた「男は外で仕事」という性別分業から降りないといけなくなってて、それを割とすんなり受け止めている人も多いと思うんです。結婚は自由や時間やお金が減るから、しないでもいいやっていうのがそれですね。

でも、女性のほうは、働いてもあんまり稼げないし、性別分業をきっちりすることで、男性と結婚するのが自分を救う道だと考えていると思うんですけど、実は男性は女性にそこまで性別分業を求めているのかな？　って思って矛盾を感じるんですよね。

だって、「ゆるふわ」はまだ職場で必要ですけど、最近は、女性の定時で帰れる働き方を見て、「いいいな、うらやましいな」っていう男性も出てきているわけですよ。一般職を「パン食」と言って揶揄するのも、男性からすると、そういう働き方が貴重でうらやましいからですよ。ということは、男性はやっぱり男としての性別分業なんてそれほど重要視していないんじゃないかって。

水無田　先ほども言ったように、女性就労者は非正規雇用が多数派です。全年齢階層で非正規雇用化が進んできています。だからよく「女性の社会進出が若年男性の雇用の場を奪っている」などと言われるんですけど、若年男性が働きたい場に、女性が多数入ってきて職を奪っているかというと、実はそんなことはないんです。

女性の就労率を押し上げているのは、既婚・中高年・非正規雇用です。つまり「パートのおばちゃん」が増えているということなんですが、若年男性は、新卒の就職活動で最初から同じような待遇の職場を目指すかというと、それは疑問です。産業構成比の変化という側面からも見る必要があるでしょう。近年、製造業や建設業など若年男性を比較的好んで活用する雇用市場が縮小傾向にあり、医療・福祉・サービス業など女性を好んで活用する雇用市場が拡大傾向にあります。

西森　派遣も問題化されたのは男性のことばかりで女性の派遣については議題に上がりませんでしたね。それだけ「男は外で仕事」という意識が強いのかもしれません。

水無田　中原中也は「われらのジェネレーションには仕事がない」と詩に書いてるんですが、それをもじって昨今の若年層について言えば、「われらのジェネレーションには『普通の幸せ』が遠い」なんですね。かつてのような専業主婦志向とは、結婚＝男性の経済力に依存した生活設計ということですが、昨今では「生涯未婚リスク」「家計破綻リスク」が高くなってしまう。それから山田昌弘先生の統計ですけど、都内の未婚女性二〇代半ばから三〇代半ば「結婚相手に求める年収六〇〇万以上」は四割になりますが、同年代の未婚男性で、その年収があるのは三・五％です。女性は結婚して子どもを生むと仕事が続けられないので、その間無職になる可能性が高い。そのため、結婚相手には自分の年収の倍の男性を求める傾向があります。この傾向は、実は従来からあまり変化はありません。で、今なお七割の女性が年収三〇〇万以下しかもらっていませんから、数字としてはぴったり一致するんですね。

　平均初婚年齢は、今、男性が三一歳を超えて、女性が二九・六九歳。三〇歳の前でぎりぎりで踏みとどまろうとしてるのが、七〇年代に二四歳代でコンマ1、2くらいずつ二五歳の手前で踏みとどまっていたあの「クリスマスケーキ」と言われた時期を、思い出します。ちなみに、平均では三〇歳前で踏みとどまっていますが、実はずいぶん前に大卒女子に関しては、もう平均初婚年齢は三一歳という統計結果が出ています。つまり「除夜の鐘」という……。

西森　昔ね、「二九歳のクリスマス」ってあって、あの登場人物ってめっちゃ大人だと思ったけど、あれって二九歳だったんだと驚いたことがあります。

水無田　松本清張が一九六一年に書いた、『鉢植を買う女』という小説がありました。会社のお局的な、貯金が趣味の女がヒロインで、恋人になった男を殺してしまうという……。その女が三二歳という設定でした。三二歳で、もう絶対結婚できないって感じで、まわりから「豚の貯金箱」とか呼ばれているんです。独身高齢女性のもの悲しさがストーリーの中軸にあって、何度かドラマ化されている作品なんですが、二〇一一年にリメイクされたんですね。余貴美子さん主演で、なんと五二歳設定になってたんですよ。たしかに、今じゃ三二歳ではまだ余裕でみんな結婚していなくて、リアリティーがでないですよね。

西森　二〇歳も上ですが、そうですよね。田舎にいたときは、それでもリアリティーがありましたが、都会に来たらまったくリアリティーがなくなりました。

水無田　だから年齢感覚が、半世紀で二〇歳延びたということですね。晩婚化・非婚化だけではなく、生涯未婚率もものすごく上がっていますし。バブル期に恋愛結婚礼賛主義になって、三〇歳前後に結婚関連行動を取れなかった人たちが今未婚でいる。

実は、結婚相手との出会い年齢はそんなに上がっている訳ではありません。要するに、付き合ってる期間が長くなってるんですね。なかなか年収が上がらなかったり、踏ん切りがつかなかったりで、かつては二年くらいのお付き合い期間で結婚していたのが、四、五年付き合ってからになっています。大体平均的に二〇代半ばで付き合い始めた人と、三〇前ぐらいで結婚してるのが一般的なんですよ。要するに婚姻に至る人の多数派は、今も昔も二〇代半ばですでに相手を見つけている。でも他方で、生涯離婚率は跳ね上がってきてるという状況が気になります……。

西森　すごい上がり方ですよね。

水無田　ジェットコースターですね。で、標準世帯が少数派になってきているということ、低所得化しているということですね。この現象を、野口やよいさんが「Half Income with Kids」言ってます。年収が半分っていうのは象徴でそこまでではないにしても、子どものいる世帯の年収が下がっているということです。昔は「Double Income No Kids」だったのが、「Half Income with Kids」で、家計の補助のために働きに出なければいけなくなるという状況です。だから若い男の子たちが、「働かせてあげてもいい」とかって上から目線なんですけど、実態としては、働いてもらわないと、家計を維持できなくなるという未来が待っている。

西森　だから、さっきも言ったように、『VERY』でも二〇一三年に、ワーキングマザーにも焦点を当てるようになったんですね。『VERY』のアンケートでは、「旦那さんは、あなたが働くことに賛成?」という質問には、八四・五%が賛成しています。

　でも、そんな結果は、結婚して数年たってからこそ出てきたことで、まだ結婚していない人にはピンとこないのかもしれませんね。二〇代の女性も保守化で結婚したくなってるし、ぼんやりしてた三〇代や四〇代も結婚したくなっている。しかも、男性はさっきも出ましたが、結婚相手には妥協できないという人も多いですし、結婚したら、自分は稼ぎ手になって使えるお金も減ってしまうし、女性のように出産のリミットもないと思っているしで、女性ほど結婚で得られるメリットを感じていないように思います。だから、「働かせてあげてもいいから結婚してあげるよ」と言えてしまうんですよね。それぐらい男性が結婚においては「追いかけられ市場」になっている……。

水無田　あ、そうなんですよね。女性から見て、「結婚相手」として視界に入る男性が減ってきているようです。だいたいね、男性の方が再婚率も高くて、モテる男性は、再婚率も高い。女性初婚、男性再婚という組み合わせのほうがその逆より年間一六〇〇〇件ぐらい多いです。つまりモテる人は何回も結婚して、生涯の中で実質的に一夫多妻になってきている可能性もあるわけです。それから、世帯規模もどんどん小さくなってきて、結婚がいよいよ個人と個人の結びつき重視になってきている。サザエさんの磯野家みたいな家がなくなっていて、平均世帯員数が減っています。

西森　さっきから気になってますが、理想が高くなっているのは、女性だけではないとは思いますけどね。波平さんの年齢にびっくりしますよね。

水無田　波平さん五〇代なんですよねー。もう、なんかね……（笑）

西森　定年前の五四歳なんですね。本当は、男性も収入が減っているんですから、結婚で自由になるお金が減るのではなく、世帯収入が結婚したら増えるという風に思えたら、「結婚してやるよ」という上からじゃなくなると思うんですけど。女性は結婚したいからこそ、家のことをしっかりしようとすると、余計に男性に金銭面で圧迫してしまいますから、良妻賢母であろうとすればするほど、「北風の太陽」で言うところの、北風みたいになっているんじゃないかとも思えてきて。テレビで男性タレントさんが女性タレントさんから好きですって言われると「俺の財産ねらってるな」ってコメントしてたんですけど、今、男性は「何かを奪われる」恐怖があるんじゃないかと。でも、女性は出産を考えると、またそうとも言えないものもあるし。

水無田　家族は従来の「普通」が通用しなくなってきています。先ほど言ったように、産業構成比がどんどん変わってきていて、女性が働く場が増えて男性が働く場が減ってきている。でも、出産・育児言説は相変わらず専業主婦シフトが標準なので、なかなか就労と両立はできない。

日本の女性の労働力率というのは相変わらずM字型です。二〇代でいったんあがって、妊娠出産をする三〇代にさがってからまた上がっていきます。それから教育水準に比して就業率が低い。高等教育を高卒程度という基準で見た場合、就労率はOECD諸国三〇カ国中二九位。まあ、日本は現在高校全入時代と言われていますが、それでも義務教育を終えてなお進学した女性の就労率と考えると、低水準です。

現在女性のライフコースは、これらの矛盾を個人史のなかでひとつひとつ解消しながら進まなければならない。男性がパートナーに求める女性像と、社会が求めるものとの矛盾を「個人的な才覚や魅力」でクリアできないと、本当に生きづらい。だからスキルアップや婚活などの方法論が模索されてきたのでしょう。一方、男性はモテ資源の格差に怒りは覚えても、問題の根底にある矛盾にはあまり目が向かないように思います。

西森 そうですね。それと、私は男性女性がパートナーに求める異性像というのも、変えていかないといけないのかなと思います。

水無田 で、そうした中出てきたのが、『逆襲の癒し系』木嶋佳苗」。明治期以降から連綿と続く良妻賢母言説であるとか、五〇年代の癒し系言説であるとか、あるいは昨今のゆるふわや家庭的好みであるとか、そういった自分たち自身の欲望に男性が今復讐をされているように見える。容疑者の木島被告は、自称「ピアノ教師」「フードコーディネーター」といった肩書を名乗っています。一見すると「セレブ妻」とか「趣味仕事」的な指向性を持っている。料理が上手くて、「超」家庭的で、気配り上手な「癒し系」です。ある男性などは、何も言わなくても食事の後にお茶が出てきただけで感動してしまったとか、靴下まで履かせてくれたとか、もう、ね……。

でもこれらの特性を、セレブな奥様になって男性に仕えるっていう社会的な意味とか価値とかではなく、全部自分が金をむしり取るために使っているという……ある意味、超人ならぬ超女性が現れたわけですよねー。木嶋佳苗、どう思います？

西森　佳苗の「癒し」は職業的ですよね。職業を全うする＝金銭を得るため、だからこそ、徹底的に「癒し」を与えることができたのかなと。私も自分の家の掃除は嫌いでも、仕事だって言われたら掃除できると思うんです。そういうのに近いのかなって。でも、なんかもうね、いろんなこと考えすぎて逆によく分からなくなってる感じがあって、実は（笑）。

水無田　なんか分かります（笑）。ブラックホールみたいな人ですよね。佐野眞一さんがモンスターだって、「夢に出てきて殺されかけた」って言っていますが、ちょっとねぇ。

西森　笑えますよね。

水無田　なんだかそういうのでもないと思うし、エンコー文化の成れの果てみたいと言われますが、それもまた違うと思うんですね。

西森　木嶋佳苗のよさについて、「若い人だと、自分のやりたい事とか、聞いてほしいこととかが、男性に求めるばっかりでしんどいけど、佳苗の場合は、その人の求めることを佳苗がやってくれるからいいんだよ」って言ってたっていうのを聞いて……。

水無田　あんまり自分の話をしないし、とにかく聞き上手なんだそうです。何も言わずにお茶が出てくる。そういう木嶋佳苗のホスピタリティーに、うわべだけとは言え、男性いはころっと参ってしまっている。でも木嶋佳苗のあれに引っかかった男性も、ある意味では非常に気の毒な気がするんですね。OECDの「女と男」報告書によれば、日本人の男性の交友活動は突出して不活発で、「世界で最も孤独」だそうです。今回の事件は、それだけ男性の孤独が今、それだけ男性の孤独は今、救いがたい状況になっている証拠のように思いました。

木嶋佳苗は、ホントに上手なんですよね。男に愛情を感じてないと、ここまで愛情たっぷりに振る舞えるのかと感心しました。で、助かった人たちというのは失礼なんですけど、サバイバーは、だいたいね、女縁によって助かってるんです。母親とか、姉とか身内の女性が、「いくらなんでもその女おかしいわよ、やめなさいよ」って言われて引き止まってる人が多くて。だから、本当に女縁に薄い人が、彼女に引っかかるんですね。この事件についての記事を読めば読むほど、被害者が気の毒で。

良妻賢母言説が紡がれたのは明治期ですし、癒し系言説が多数見られたのは五〇年代ですが、この幸福言説を作り上げた旧世代のオヤジじゃなくて、時間差攻撃で現代の男性に効いてきているっていう、時限爆弾みたいな感じがします。幸福観の時間差攻撃ですね。

ヴァルター・ベンヤミンの「歴史の天使」じゃないですけど、とにかく現状から離れたいがために、多くの人が嫌悪と逃走志向にあるときに、社会は大きく動いていく。でも逆にいうと、幸福から逃げることは難しい。好ましいとか譲れないとか思ってしまうことの方が、ずっと厄介だと思うんですね。だから木嶋佳苗のように振る舞う女性から離れるのはほんとうに難しいと思います。

もうひとつ、西森さんとお話してきて思ったのは、木嶋佳苗を生んだ背景の分析に関しては、まだまだ「地方」っていう目線がちょっと欠落していることです。うちの夫は青森出身なんですけど、やっぱり地方の都市でちょっとばかり同級生より早く大人になっちゃう女の子たちの感じを思い出すと言っていて……。ただ、キーワードは「欲望」ですね。いっそ清々しいほど一貫しています。「女の欲望」をそのままに生きてくると、ああなるのかな。

西森 そうですよね。山田詠美の『風葬の教室』に、少女が大人びることで学校生活をしのぐって話があって、佳苗はこれを読んでたのかなって思いました。私、WEBRONZAにちょっと書いたんですけど、木嶋佳苗はミーハーだっていう話を書いて、あと、さっきも出てきましたけど、この世代って、おニャン子クラブを見てただろうから、水無田さんも言うように、同級生よりも早く大人になりたいっていうことがすごく重要な世代なんですよ。それとは別に、結局いろんな欲望を追っていくと、この人の都会への憧れとかいろんな行動の憧れは、林真理子さんを追っているのではないかと。

水無田 そうですね。林真理子を思い出させたんですけど、当の林真理子は沈黙してますよね？

西森　あ、それがね、『週刊文春』の連載の中で、林さんは佳苗のことを話してるんですよ。木嶋佳苗って実は、ブロガーだった時代に林真理子と叶姉妹が好きだって言ってるんですね。

水無田　ああそういえば、「林真理子に親近感を感じる」って言ってましたよねー。

西森　そうそう。叶姉妹には「憧れた」って言ってるんですけど、林真理子さんには「親近感」って言ってたそうで、それで、自分は憧れじゃないんかい！　というようなオチの素晴らしいコラムになっていました。

水無田　でも林真理子さんは、今痩せて、美しくなられて、ホント美貌まで手に入れられたのに、相変わらずの社会の中では「ブスの立ち位置」っていうのがちょっと気の毒ですよね……。

西森　世の中に一度ついてしまったキャラを覆すのはけっこう困難なのかもしれないですしね。

水無田　だから、「ブス」とか「美人」って社会的な役割なんですよね。

キャラ化ということで言えば、この国の男性の孤独というのは、孤独であることが言語化できてないぐらいのレベルの孤独なんですね。女性の場合まだ、「負け犬」だなんだっていうキャラ化できる余地があるんですけれども、男性はそれが難しい。

西森　キャラ化は若い世代になると男性でもできる人は増えていると思うんですよ。というか、男女差はほぼないのかもしれません。だからこそ、佳苗のような手法は佳苗よりも上の世代にしか効かないんだと思います。佳苗は、見た目や手法こそ古臭いのですが、男をなんとも思っていない自分と、男に尽くす自分とにキャラを分割するという意味においては、非常に現代的ですよね。もちろん、お金を得るための仕事であるから、そこまで冷静に自分を分割することができたのかもしれません。それは、東電ＯＬがやりたかったことだろうけど、できなかったことですね。男性からの承認を求めてないか、求めたかの違いのような気がしますが。そして、前者は犯罪に走り、後者は破滅に向かってしまうわけです。でも、女性としての「呪い」に引き裂かれるという意味では一緒だったんでしょうか。

水無田　本当に、「女の幸せ」って厄介ですね。根本的に、異性に欲望されることを欲望するという「呪い」もあれば、自力で幸福をつかもうとすると男性から敬遠されるという「呪い」もあり……。かと言って、セレブ妻志向で専業主婦になりたい、そのためにはある程度年収の高い男性をつかまえたいと言えばそれはそれで叩かれる、という。

常見陽平さんがたびたび指摘しているように、日本では今なお職場の「ジョブとメンバーシップの分離ができていない」ということにつきるのでしょう。この働き方が主流労働者に求められるせいで、男性は「会社村」住人としてのあり方以外なかなか選択肢がない。だから家事・育児など無償労働をパートナーである妻が全面的に担わざるを得ない。これは同一価値労働、同一賃金が成り立ってないっていうのもあるんですけど。

このため女性は、基本的な所属の場は家族と目されているので、就労の場では今なお周辺労働者としての扱いが当然視されている部分があります。でも、晩婚化・非婚化のおかげで家族に属せない女性も増えているし、第一今まで述べてきたような理由から既婚女性の就労率も上がってきている。ですから、従来の家族観・労働観を刷新しないと、誰もこのままでは幸せになれない。そこが問題だと思っています。

私、二〇一二年一月一日に放送した「ニッポンのジレンマ」という番組に出演させていただいたときに、こんなことを言いました。今なお日本社会では誰もが「家族」ないしは「組織」に所属していることが前提とされているんですが、その認識を改める必要があるのでは、と。一般的な正規雇用の就労者を典型労働者、それ以外を非典型労働者という分け方をしますが、それにちなんで、「典型所属者／非典型所属者」という風に分けてみました。

従来のように企業に所属してたり、家族に所属してたりできる人は典型所属者ですが、こういう層はどんどん少数派になってきています。また、たとえ正規雇用者であっても会社で働き続けることがしっくりこない、ないしはひどい場合にはブラックな職場でしんどい思いをしている人も多いでしょう。女性も結婚していても生活は盤石ではなく、家計補助のために働きに出る人も増加しています。そうすると、家庭責任と就労のダブルシフトでしんどい思いをしなければならない人も増えるでしょう。

男性も、今ですらOECD調査では「世界で一番孤独」なのに、それがあまり露呈しなかったのは家族、つまりは妻のケアがあったからですよね。それが生涯未婚率の上昇で、一気に問題化していくでしょう。非典型所属者が増加して、個人化する社会への不安から、つながり志向とサバイバル志向が接合した現在に至って、まさに冥府魔道の魑魅魍魎、頼れるものは神仏よりも牛頭馬頭の地獄の住人か……いう話です。そりゃあ、役立つと思えば、カツマーにもノマドにもすがりますよね。

西森　ただ、今の若い男性は、いわゆる「女子力」みたいなものも高くなって、同性同士で職業を超えてつるむことも増えてきましたね。それも、昔のようなマッチョな感じでもなく。あと、地震後にノマドみたいのは減ると思ったんですけど、しばらくはまだ存在してて、その後、二〇一三年に入ったら、すっかり聞かなくなりましたね。

水無田　うん、ただ実際問題として、たとえばどこでも働けるといったような形で働かざるを得ない人たちは増えてはいくでしょう。かっちりとした所属がない。それから会社の中でOJTなんかできっちり就労訓練を積んでくれないので、自分でスキルアップをしていくしかないという。最初はそれを会社組織の中で活かすためにやっていこうと思ったんだけど、そもそもそういうものの中に入っていくことができないという人も増えるでしょう。あるいは働いていても、所属していても出世の道がないとなると、そういうところに希望を見出そうとする人の需要もあるでしょう。ただまったく組織に属さずに、一気にノマドを目指そうなどというのは困難だし、危険です。このあたりは、「燃えよ！ノマドン」という常見陽平さんとの対談でお話しました。

西森　私もそう思います。学生さんに就職のことを聞かれることがあります。ビジネスの基本とか、スキルって一人では覚えにくいものなんですよね。だから、自分が理想とする仕事でなくても、新卒で会社に入ってビジネススキルを学ぶのって、かなりコスト的にもおいしいことだと思うんですよ。そこで学んだことって、自分にとってはたいしたことのないスキルだと思うかもしれないけれど、特に、その後にフリーランスで働くにしても、自営でやるにしても、かなり必要なことだったな、ってことも後からあると思うんです。だから「ゆるふわ」を駆使してでもやっていいと思います。

もちろん、学生時代からベンチャーとかでどんどん経営できる人もいることはいるんでしょうけど、なかなかそういう人は多くはないと思うし、あと、ブラックな職場ってのも本当にあるので、そこは臨機応変に見抜かないといとは思いますが。

水無田　まさにその通りだと思います。実際問題、会社なり組織なりというところに一定期間いないと分からないことっていっぱいあるんですよね。それも、お小遣い稼ぎや社会勉強というよりは、自分や家族を養う必然性から働かないと、見えてこないものってやっぱりあります。でも、それはなかなか言語化できないですね。

今、情報過多ですよね。言葉でもって、あるいはネットなどに好評される言葉でもって、情報で皆知ってしまっていて、ある意味では若い女性の専業主婦指向とか、そういったものも「情報化による耳年増化」とも言えるんですよね。情報社会というのは、人を精神的に老けさせる部分もあって、「社畜なんてもう古い」とかね、「結婚なんてオワコンだ」とかそういう風に思ってしまうかもしれないんですけど、やってみなきゃ身に付かないものも多いんです。でも、だからこそと言うべきか、そこの部分を学んでほしいですね。

●対談者について

西森路代（にしもり・みちよ）

一九七二年生まれ。大学卒業後、地方テレビ局のＯＬを経て上京。派遣ＯＬ、編集プロダクション、ラジオディレクターを経てフリーランスライターに。アジアのエンターテインメントと女子について主に執筆。著書に『K-POPがアジアを制覇する』（原書房）、共著に『女子会2.0』がある。また、TBS RADIO 文化系トークラジオ Life にも出演中。

第三部　無頼化した女たち

一　「三・一一」後、ますます無頼化した女たち

『無頼化する女たち』を上梓してから約四年が経った。その間、三・一一の震災があり、政権は交代し、二〇二〇年の東京五輪開催が決まり、消費増税も具体的に決まり……と、さまざまな変化があった。

一方で、以前からの傾向はますます苛烈化してきている。「超」少子高齢化の進行には一向に歯止めがかからず、生涯未婚率（五〇歳時点未婚）も上昇し続け、ついに男性二割、女性も一割となった。

いわゆる三・一一の東日本大震災後、無頼化女子たち減少の予測がなされた。絆、つながりの大切さを語るメッセージがメディアに溢れ、家族の温もり、頼れる人のいる素晴らしさが説かれた。そして「震災を機に結婚を決意する人が増えた」「婚活サイト登録者数増加」が、さかんに報じられた。

これは……震災婚、略して震婚増加か!?　と、筆者も熱いまなざしを送った。そう、ついに無頼化女子が無頼化武装を辞めるときが来たのだ。これからは、無頼化女子より「つながり女子」の志向性を考えようかしら……（わくわく）。

だが、現実は厳しかった。

結論から言えば、三・一一は婚姻件数そのものの増加にはつながらなかった。厚生労働省「人口動態統計」によれば、震災の年、二〇一一年の年間婚姻件数は約六七万件。前年度比約マイナス七%で、何と戦後最低の数値となってしまった。翌一二年は若干盛り返し六万件ほど増加したが、これも戦後二番目に少ない件数である。

要するに、パニックと現実の生活は違うのだ。不安だからと婚活に勤しむ人が増えても、成婚にいたらねば意味はない。そして、たとえ成婚にいたっても、夫婦ともども幸せな人生を歩めねば意味はない。

結婚とは生活であり、それも幸せな生活を求めて選択されるものである。このあまりにも素朴な観点が、忘れられてはならないように思う。人間は、ショックを与えられるとたしかに劇的な反応は示すが、それらはやがて日常の中に飲み込まれ、かき消されてしまう。

〇〇年代は、将来への不安や孤独死への不安から、女子の間に無頼化と保守化の嵐が吹き荒れた。経済的安定を求め、スキルアップを目指す女子たちが目につく一方で、婚活に勤しむ女子の姿も喧伝された。だが、結局女性の平均所得はそれほど増加せず、婚姻件数も増えてはいない。

雇用環境に関しては、ますます女子のみならず男子も厳しい状況だ。総務省「就業構造基本調査」（二〇一二）では、非正規労働者の大幅な増加が明らかになった。労働者全体に占める非正規雇用は割合は三八・二%で、過去最高となった。人数も約二〇四三万人と初めて二千万人を突破した。男女別では、男性は二二・一％と二〇年前の二倍以上となった。そして……女性の非正規労働者は五七・五％と六割に迫る勢いとなった。女子たちは、ますます職場のメンバーシップから排除されて行っていると言える。

あえて言えば、三・一一は既存の日本社会のあり方を根底から転覆したというよりは、むしろもとからあった傾向を、加速・補強したにすぎなかった。女子たちを覆う不安が解消されなければ、女子無頼化の現実は続く。無頼化の源泉は、社会に蔓延する不安である、とすでに述べた。繰り返すが、それは保守化と同根なのだ。

二　保守化と無頼化は続く

かくして、女子の保守化と無頼化の同時進行は、ますます進んでいるようだ。

まず若年層を中心に、女子の専業主婦志向はますます高まっている。先ごろ厚生労働省が行った調査によると、一五歳から三九歳の独身女性に結婚後専業主婦になりたいかを尋ねたところ、約三四％がなりたいと希望しているとの結果がでた。だが、お相手となる同年齢層の独身男性に、結婚相手に専業主婦になってほしいかと尋ねたところ、肯定派は約一九％である。[※一]

つまり、独身女子の三人に一人が専業主婦になりたがっているが、男子で妻に専業主婦になってほしいと回答した人は五人に一人というわけだ。昔放映されたテレビ番組「アメリカ横断ウルトラクイズ」ならば、「専業主婦になりたいかー！」とのコールに対し、女子大歓声、男子引き気味……という光景になるだろう。

一方で、女性の管理職志向は高まってきているという報告もある。たとえば産業能率大学の産能マネージメントスクール主催「新入社員研修セミナー」参加者に対し、九〇年度から毎年行われている意識調査によると、二〇一二年度女性新入社員の回答では「将来は管理職に」が三割弱となり、過去最高を記録したという。※二

賃金構造基本統計調査結果（初任給）の概況でも、大学院修了者（修士）については二〇一一年以降女子が男子を上回っている。

前者はセミナー参加者という意欲溢れる女子、後者は専門知識を学んだ女子と、経済的自立志向の高いタイプが強いと推測されるが、就活生全体を見ても、二〇一三年新卒者内定率は女子が男子を上回ってきている。もはや、自力で稼ぎたい女子も珍しくはない。

ただこれも繰り返し述べてきたように、女子が専業主婦志向型とキャリアウーマン（死語）型に単純に二分してきていることを意味しない。そうではなく、社会の矛盾した要求の端的

※一　「少子高齢社会等調査検討事業報告書（若者の意識調査編）」二〇一三年三月、株式会社三菱総合研究所。

※二　学校法人産業能率大学「二〇一二年度新入社員の会社生活調査」より。

な反映なのである。

三 「男性不況」の現実

男女の意識の間に横たわる暗くて深い川の背後には、経済社会構造の変化、とりわけ産業構成比の変化がある。

国勢調査ならびに労働力調査から見た産業別就業者構成割合の推移（つまり、どの業界で働いている人が多いのかの変遷）を見ると、戦後間もない一九五〇年では、農林漁業など第一次産業に就業者の約半数が従事していた。それが、二〇一〇年では五％を下回っている。

では、戦後日本の高度成長を支えた製造業・建設業など第二次産業はどうだろうか。一九五〇年には全就業者の二割から高度成長期に急増し、七〇年から九〇年まで三四％で推移、だが二〇一〇年には二五％を切っている。

近年、これらに対して就業者割合が急速に伸長しているのは、医療・福祉・サービス業などの第三次産業である。一九五〇年には三割弱であったのが、七〇年には四割を超え、二〇一〇年には就業者の七割となった。中でも伸び率が高いのは、医療・福祉分野での就業者である。この分野は女性の従事者が非常に多く、約八割を占めるとされる。

周知のように、看護師、介護士、それにケアワーカー全般は圧倒的に女性のほうが多い。

また、医師に関しては現状ではまだまだ男性が多いが、現在では医学部在学者のうち女子学生が四割を占めるなど、女子の専門職志向と高学歴化の影響が色濃く反映されている。実に、この医療・福祉業こそが、二一世紀に入ってから着実に日本の雇用者数を増やしている分野なのである。

一方、雇用者数の激減した製造業・建設業は、言うまでもなく「男の職場」である。この分野が、新興国の台頭などの影響を蒙って、海外への生産拠点の移転などにより国内雇用者数を減らしてきている。要するに、「男性向け」の雇用市場が縮小し、代わって「女性向け」の雇用市場が拡大してきているのだ。

この傾向を、第一生命経済研究所主席エコノミストの永濱利廣は「男性不況」と呼び、同表題書でその実態を検証している。※三 同書によると、日本の労働市場がピークを迎えたのは一九九七年で、その後縮小傾向が続いているが、二〇一一年までの一四年間で三一三万人もの就業者が減少している。その九一％が男性就業者だという。とりわけ二〇〇二年から一一年までの間に、製造業は二〇五万人、建設業は一四五万人減少したが、〇二年段階で男性就業者の四割近くがこの二業種に集中していたので、男性就業者減の主要因はここに求められよう。

※三　永濱利廣、二〇一二年『男性不況』東洋経済新報社。

二〇〇八年の年末、「年越し派遣村」が話題を集めたのは記憶に新しい。同年の六月には、元自動車工場派遣社員男性による秋葉原通り魔事件が起こったばかりだが、両者に共通するキーワードは、製造業を中心とした男性派遣社員の不安定雇用である。

それでは、製造業を「派遣切り」になった男性は、雇用者数の増加している第三次産業に転職すれば問題は解決するのだろうか？　残念ながら、事態はそれほど単純ではない。

もともと製造業など第二次産業は正規雇用比率が高く、熟練の長期間継続雇用者を重用する分野でもある。これに対し、福祉やサービス業などの分野は相対的に低賃金で、それほど熟練を要しない。それゆえ、正規雇用者であっても大量に採用し大量に使い潰す「ブラック企業」問題の温床となっている……との指摘もある。問題の根幹には、かつての第二次産業中心の雇用およびそれを前提にした所与の社会制度設計と、経済社会状況の「現実」との落差が横たわっている。

これは、家族観とも密接に関係している。長期間安定雇用の男性就労者が前提であった社会では、女性は専業主婦となるのがあたりまえであった。ゆえに、育児・介護・地域活動などの分野は、女性が家族や地域のために時間を空けておくことが前提とされている。だが、今や共働き世帯が多数派であり、専業主婦前提の慣行を維持するのは困難になってきている。

つまり女子たちは、実質的には働く必要性に迫られているにも関わらず、今なお働かないことが前提の社会環境は変わらず……という巨大な矛盾を身に受けているのである。

四　女子が働くことはクソゲーなのか？

二〇一三年夏、阿佐ヶ谷Ｌｏｆｔで行われた「女子学サミット」（参加者・西森路代、白河桃子、司会・常見陽平）では、「女子が働き続けることはクソゲーなのか？」のお題で討議がなされた。誰も幸福にしない社会諸制度について、よく評論家・宇野常寛が「クソゲー（＝出来損ないのゲーム）」の比喩を用いて説明していることに倣い検証したところ、実際問題女子が働き続けることは堂々たるクソゲーっぷりであることが次々明らかになった。

まず、クソゲーの定義は多々あるが、要約すれば**①バグが多すぎる、②ゲームバランスが悪すぎる、③ストーリー・内容が理解不可能すぎる、④クリアが極度に困難すぎる……**ないしはクリアできない、以上四点に集約されよう。順を追って内容を解説したい。

①バグが多すぎる

この事例としては、「よくキャリアが『フリーズ』する」「フリーズするとたいてい『初期化』して、最初より低いレベルからリスタートが仕様」、「しばしばキャリアが『保存』できない」「そもそも社会のほうが女子就労者をバグとみなしていないか？」といったことがあげられる。そう。長期間継続雇用者を主流労働者とみなす日本型雇用環境では、出産・育児でキャリアが中断すること＝キャリアの初期化となってしまうのだ。そしてこの初期化現象は、残念ながら頻繁に起こる。厚生労働省「出生児縦断調査」（二〇一〇）では、働く女性の二人に一人は第一子出産前後に仕事を辞めているとの報告がなされた。辞めた理由はといえば、育児に専念四一％、続けたいが両立困難三五％、そして企業側の解雇・退職勧奨が一一％となっている。

だが、解雇・退職勧奨対象となる「正社員」自体が、そもそも少ない点に注意が必要である。アイデム『平成二四年版　パートタイマー白書』によると、さらに事態は厳しいことが分かる。既婚女性は、それまで正社員であっても約七五％が結婚・妊娠・出産・育児をきっかけにパート・アルバイト・派遣など「正社員以外」へ転換する。[※四] 当然、産休・育休などは取得できないため、最初からあきらめてしまう場合が多い。

同白書では、企業の二五・三％が、女性社員が出産する際には「育児休業を取らずに退職してほしい」と考えているとも報告された。だが、そんなことは会社が言わずとも、女子たちは「みなまで言うな……！　しからばご免！」と自ら職を辞しているのである。

②ゲームバランスが悪すぎる

この具体例は、次のようなものである。「敵が多すぎる」「敵が雑魚すぎて、手間の割にスキルアップできない」「……その割に日々気遣い（ＭＰ）消費量が高すぎ」「必要スキル多過ぎ・

必要アイテム多過ぎ・必要アイテム高過ぎ」「キャラ適性を問わず『癒し系』『補助魔法系』を振られる」「回復所（自宅等）でも休憩できない。……というか回復所でむしろ体力を削られる」「なかなか正式なパーティメンバーとみなされない」「必死に荒野を歩いてある程度スキルアップして振り向くと、すでに同性パーティメンバーはリレミトかけて（離脱して）いる」といったことがあげられる。

どれもこれもすさまじいが、要約すれば「手間暇や労苦の割に得るものが少ない」ということとなろう。とりわけ既婚女性にとっては、家庭も職場である。他の家族が癒されてリフレッシュする場だというのに、むしろ家事や育児、さらには介護で疲労困憊《こんぱい》……。この状況を、アーリー・ホックシールドは「セカンドシフト」と呼んだ。仕事から帰った後も仕事が

※四　同調査は、結婚時に正社員として働いていた二〇～四〇代の既婚女性を対象に実施。これによれば、結婚後も正社員で働き続けた者は五二・五％と約半数。四分の一が結婚をきっかけに無職（専業主婦）となり、残りの四分の一がパート・アルバイト等に転換していた。さらに、妊娠判明時に正社員として働いていた者のうち、妊娠・出産・育児をきっかけとして「無職または正社員以外の働き方に変えた」者は四六・二％。実際には、そのうちの八割が無職（専業主婦）になっていた。女性は結婚前に正社員で働いていても、結婚で半減、妊娠・出産・育児でまた半減となり、最終的な正社員継続者は四分の一程度という実態が明らかになった。

待っているというのは、ある意味「外に出ると七人の敵がいる」以上に大変である。

既婚女性の時間は、家族のための共有財産とみなされる傾向が強い。これを私は、「主婦は家族の時間財」の前提と呼んでいる。この主婦とは「外で働いている／いない」を問わない。家庭責任を担う者はみな主婦である。主婦は原則として自分のための時間を持つことが困難であるため、休息の時間が限りなく乏しくなるのは必然である。

人材コンサルタントの常見陽平は、日本型雇用の問題点を「ジョブとメンバーシップの一体化」と呼んだが、これに倣えば既婚女性の抱える問題は「家事と家庭責任の一体化」である。このため、家事が部分部分にモジュール化し、アウトソーシングすることへのタブー意識も強い。たとえば「保育所に子どもを預けるのはかわいそう」「家で料理をしないなんて妻失格」といった言説は、ここから派生する。一方、職場でメンバーシップを得るためには、「会社村」住人として、日夜進んで長時間労働を受け入れる必要がある。

おそらく、仕事をしながら家事・育児をすることが、字句通りにとらえられれば事態はそれほど難しくはない。だが、会社人間になりながら家庭責任を負うことは不可能である。このことが、女子が働き続けることをクソゲーにしている大きな要因のように思う。

五　鬱陶しい日本の私

さて、クソゲー解説後半に入ろう。

③ストーリー・内容が理解不可能すぎる

これは、「ストーリーがころころ変わる」「情報がない」「ロールモデルがいない」「解説書にない罠がありすぎ」「解説書（自己啓発書）やレビュー（素敵な生き方喧伝誌）は『デバックモード[※五]』を元に書かれているので、リアルプレイヤーの参考にならない」……といったものである。

女子の望ましい生き方を語る「ストーリー」は、戦後ころころ変化してきた。[※六]たとえば、戦後第一次主婦論争（一九五五—五九）では、石垣綾子の評論「主婦という第二職業論」を発端に壮絶な舌戦が起こった。石垣は、「男性と対等の地位と待遇を要求するならば、男と同じように、職場に生きぬく覚悟がなければならない」「女は主婦になるという第二の職業が、い

※五　デバックモードとは、ソフトウェア開発者向けの隠された機能を意味する。通常開発途中で動作確認のために行うものだが、意図的に数値を変更できるため、通常のプレイヤーならば苦労して乗り越えなければならないあれやこれやの障害を、いともたやすくクリアできてしまう。

つでも頭の中にあるから、第一の職業である職場から逃げ腰になっている」と主張。これが、主婦肯定派から大々的に反論された。※七

続いて、高度成長期の中ごろには第二次主婦論争（一九六〇—六二）には、「家事労働無償論」対「家事労働有償論」の議論がわきあがった。「家事は無償だが価値はある」との説に対する、いわく言い難い「もやもや感」が根底にあった議論である。今日の社会は、封建社会でも宗教社会でもなく経済社会としての様相が色濃い。その中で、「お金に変えられない尊い価値があるよね☆」とおだてられても、なんか、ねえ……といった気分が透けて見える議論とも言える。

その後第三次主婦論争（一九七二）は、まさに専業主婦比率が絶頂期を迎えた時期に戦われた。主婦アイデンティティそれ自体が再確認を要請されたのは、その後に続くオイルショックと高度成長期の終焉を予期しているようにも見える……。

八〇年代には、いわゆる「アグネス論争」の名で知られる子連れ出勤論争（一九八七—八八）が起こった。雇用機会均等法以降、育児介護休業法施行以前の矛盾を象徴する論争である。その後九〇年代後半には「専業主婦」がいよいよ少数派となり、家計破綻リスク要素とみなす意見も登場するようになって、専業主婦論争（一九九八—二〇〇二）が起きた。だがその後、ついに既婚女性は論争の主役の座を降り、未婚女性問題である「負け犬」論争（二〇〇三—〇五）が勃発……。

専業主婦になるべきか、働くべきか。専業主婦にはお金に変えられない価値があるのか、いやそれは幻想なのか、むしろ家計破綻リスクなのか。でも仕事で成功しても、未婚だとあだこうだ言われるのは相変わらずだし……ああ、ああ、もう！　鬱陶しい！　と思う女子は多いだろう。むろんこれらの論争を貫くものは、「望ましい女性の生き方像」のはらむ時代ごとの矛盾である。女子の悩みの深さは、この矛盾の大きさに比例する。

④クリアが極度に困難すぎる……ないしはクリアできない

実はプレイヤー（女子）から見れば、この社会で就業継続することはクソゲー以上に「無理ゲー」――クリアが極度に困難でクリアしても得るものが乏しいゲーム――なのである。『平成一七年版　働く女性の実情』によれば、定年退職者のうちの女性割合は、八〇年代の二割から、〇〇年代には三割となった。だが、依然定年以外の「その他退職」は、女性が男性の倍という統計もある。女子が定年まで勤め上げるのは、放流された鮭が故郷の河に帰っ

※六　主婦論争をはじめとする「女性の生き方論争」の変遷は、上野千鶴子編『主婦論争を読むⅠ、Ⅱ　全記録』（勁草書房、ともに一九八二年）、ならびに妙木忍『女性同士の争いはなぜ起こるのか　主婦論争の誕生と終焉』（青土社、二〇〇九年）に詳しい。
※七　石垣綾子、「主婦という第二職業論」『婦人公論』一九五五年四月号。

て来て無事産卵するのと、いったいどちらが難しいのだろう……などと不謹慎なことを考えてしまう、今日この頃である。

そもそも独身で会社員としての人生をまっとうし、定年退職の日に職場で花束をもらって拍手で見送られる……という誇り高き働く女性の姿を見て、「素敵！　私も……！」と思う女子はどれほどいるだろうか。大変失礼ながら、「……ヤバい、このまま行ったら、私……ああなるかも!?」と思う女子のほうが多いのではないだろうか。

一方、結婚したからといって、安穏とはしていられない。女性は結婚すると家庭責任が派生せざるを得ず、今なお子どもが産まれると就労継続は困難である。会社村の主流メンバー入りするには、独身がベター。でも、その姿はあまり後輩たちに羨ましがられない……という寒々しい光景。

だが、上述した「男性不況」という経済社会的諸条件から、女子が働くことが、「選択」から「必然」になりつつあるという現実が迫ってきている。

六　アベノミクスは女子の味方か？

二〇一三年四月一九日、安倍首相は「成長戦略スピーチ」の中で、経済活性化のための「三本の矢」構想について語った。ここでは人材活用、とりわけ女性活用の重要性を説き、「女性が輝く日本」を目指すと述べた。その概要とは、まず「社会のあらゆる分野で二〇二〇年までに指導的地位に女性が占める割合を三〇％以上とする」。そのために、政財界では女性を登用し、待機児童問題も解消するとも約束した。

一方で、産休・育休を充実させ、いわゆる「三年間抱っこし放題での職場復帰支援」と呼ぶ「三年育休取得」を徹底させると述べた。キャリアに抜けがあって不安な女性は、「大学や専門学校などで『学び直し』できるよう、新たなプログラムも用意」する。また、「長年子育てに専念してきた皆さんに対して、新たなインターンシップ事業や、トライアル雇用制度を活用して、再就職を支援」し、さらに「子育ての経験を活かし、この機に自分の会社を立ち上げようという方には、起業・創業時に要する資金援助も用意」すると言う。

最後に、安倍首相はこう述べた。

「仕事で活躍している女性も、家庭に専念している女性も、すべての女性が、その生き方に自信と誇りを持ち、輝けるような日本をつくっていきたいと思います」

実現すれば、本当にこれほど素晴らしいことはない。だが、いろいろと解決すべき問題をはらんでいる主張のように思うのは、私だけだろうか……。

女性の高水準職や管理職部門への配置が増えるのは、単純に望ましいことだ。だが、現実には上述の「ジョブとメンバーシップの一体化」がある程度解体されて行かなければ、実際に指導的立場につきたいと思う女性は少ないだろう。望ましいのは、同一価値労働・同一賃金を徹底させ、もっと時間単位での効率性を合理的に評価することではないのか。たとえば、OECDの調査によれば、二〇一一年の日本人一人あたりの総労働時間は平均一七〇〇時間と、他の先進諸国と比べると二〇〇～三〇〇時間長い。だが一時間あたりの労働生産性は、約四〇ドルである。これは、ノルウェーやルクセンブルクの約八〇ドル、アメリカや、オランダの約六〇ドルに対して、かなり低い傾向である。OECD加盟国三四ヵ国中でも、第一九位と振るわない結果となった。ますます進行する「超」少子高齢化により生産労働人口が減少することに鑑みれば、このような長時間・低生産性型労働慣行のまま経済規模を維持することは不可能だ。もちろん、女性のみならず男性にとっても幸福なことではない。

「三年間抱っこし放題での職場復帰支援」も、志は立派だが発想が貧困なのが残念でならない。この乏しさの基底には、圧倒的な認識不足があると考えられる。この発想の根源にあり、かつ首相や官僚たちの目を曇らせている最大の要因は、根強く残る中高年男性の「戦後昭和(高度成長期)的家族観」であろうか……。

すべて女性就労者の六割が非正規雇用という現状に鑑みれば、「三年間抱っこ」できる女性は、おそらく究極の勝ち組である。そして、その分を穴埋めする他の未婚男女や既婚男性社員たちは、大変なしわ寄せを食らってしまうだろう。

また、現在晩婚化・晩産化の影響で、第一子と第二子との出産間隔も短縮傾向にある。二人以上産みたい女性は、第一子が平均二歳時点で次の子どもを産む。額面通り、産休・育休をとれば六年近く……。果たして、それを容認できる職場がどれほどあるというのだろうか。現行でも、「自主的に」退職している女子たちである。おそらく、職場の嫌な空気に追い出され、より「自主退職者」が増える……とは、当たってほしくない未来図だ。

むしろ、少子化対策というのであれば、もっと総合的な雇用環境の改善が必要ではないのか。三年間の育休を「現実的」にするためには、育児当事者だけではなく、穴埋めをする他の従業員にも優しく正規・非正規を問わない包括的なワークライフバランスの確立が肝要である。若年層を中心とした雇用環境の改善や男性の育児参加推進への対応も必要だ。つまり、日常的な長時間労働を改め、時短に務め、有給取得率を上げる。正社員一人一人が仕事をオーバーヒート気味に抱え込むのではなく、平素から協業をスムーズにさせておくべきである。

つけ加えるならば、仕事以外に時間をとられる人は、今後も増加するだろう。生涯未婚者増加も見込まれるため、未婚のまま老親の介護を要する人の増加は必至だからだ。この国では「既婚女性」が「育児」しながら働くことはある程度想像できても、「未婚男性」が「介護」しながら働く社会がすぐそこまで来ていることに、多くの人は気づいていないように見える。

七　北風よりも太陽を

安倍首相の演説は、志は素晴らしいと思う。女性活用が自民党総裁の口からここまで語られたのは大きな前進であろう。ただ残念なのは、家族像・女性像の貧困である。産休・育休中に大学に進学したり、起業したりできる能力や資源にめぐまれた女性は、一握りだ。とくに恵まれているわけではない女性が、普通に働き普通に子どもを産み育てられ幸福に生きられる社会へ、その回路が見えてこない点が非常に残念である。

また、待機児童ゼロの目標も本当に素晴らしいが、必ずしも就労率をダイレクトに跳ね上げるわけではなさそうだ。株式会社「しゅふ活研究室」が二〇一三年七月に発表した調査結果では、実際に仕事と家庭を両立できている主婦は半数を超えるが、七割は不満を持っている。また、六割を超える主婦が保育所が充足するだけでは仕事と家庭の両立はできないと回答した。さらに、育児と就労両立のために一番必要なものは、との質問に九割の主婦が「条件の合う仕事」と回答している。

適当な仕事がない、というのは再就職へと踏み出さない女性の述べる理由の筆頭だが、長らくこの点は不問に付されてきた。この国では、フルタイムで「会社人間」できなければ、途端に収入や身分の安定を失ってしまう。既婚子持ち女性の非正規雇用就労は、低待遇の周辺労働が多数派を占めることから、「保育料を支払って子どもを預けてまで働かなくても……」となるのも無理からぬことだ。

少子化とは、実に雇用問題と表裏一体の関係にある。だが、今なお日本社会は少子化の最大原因を、出産適齢期の若年女性に求めたがっている。その最大の事例は、二〇一三年の「女性手帳」問題である。これは少子化対策のために女性が若いうちに産み育てることを推奨しようと政府が導入を検討したものの、「余計なお世話」と散々な不評をもって終息したのは記憶に新しい。同手帳は、妊娠・出産に関する正しい知識を普及するべしとの意図から発案されたもので、その理念自体は評価に値する。

ただ問題は、その社会背景のほうにある。若年女性が、なぜ産み育てることに踏み切れないのか。その構造的な問題を解消せず、ただ女子たちに早い時期での出産ばかりを奨励しても、少子化解消に効果はないだろう。あたりまえの話だが、子どもは女子だけで産めるわけではない。働き、子どもを産み育てる世代の雇用をはじめとした社会環境悪化が、次世代の再生産を阻んでいるのである。

経済社会環境は、若年層に過酷な様相を呈している。高齢化による社会保障費の増大で国庫は逼迫し、デフレも長期化した。若年層を中心に総体的な賃金水準低下も指摘される。すでに決定された消費増税は、今後結婚や出産といった家族関連行動を起こし、住宅取得や教育などに出費せねばならない若年層ほど相対的に負担は重い。また、すでに前政権の時に扶養控除は廃止となり、子育て世帯はいち早く重税化している。これとトレードオフの関係であった「子ども手当」は、いつの間にか「バラマキはよろしくない」とあっけなく廃止となった。これらの窮乏に対し新自由主義的な趨勢も相まって、国民とりわけ若年層は、より個人的な努力と対処を求められている。

ここ二〇年ほどの日本社会の変化は、個人から見れば「誰も自己責任を問われなかった社会」から、「何もかも自己責任で対処せねばならない社会」への急激な転換である。既に十二分に自己責任社会を生きている若年層、とりわけ女性に対し、出産育児を含めたさらなる人生設計改善の努力を説くのは、寒風吹きすさぶこの社会でさらなる北風を吹きつけるに等しい。少子化は、その端的な結果にすぎない。無頼化とは、いわばこの北風に対しコートの襟を立て、きつくボタンをかける行為かもしれない。

翻ってこの国の女子たちは今なお、「働く自由」と「産む自由」を手にしてはいない。女子たちは産まない、働かないのではない。産めない、働けないのである。だが昨今はそれを自己責任化する言説も増えた。そして能力ある女子の中には、実際にかつて以上に多くを手にする者も増えた。

だが、多数派の女子はどうだろうか。私は、目につく華やかな女子たちよりも、サイレントマジョリティーの女子たちが気になる。淡々と、社会の生きにくさと闘う女子たちが。彼女たちの「活用」以上に「幸福」を考えねば、おそらく「超」少子高齢化と未婚化が進むこの国は救われない。

なぜなら人間は、幸福になるために人生の選択を繰り返す生き物だからだ。幸福になるための個々の選択が社会を作り、時代を築き、やがてそれが未来を決めていく。

アベノミクスの「女性活用」も「女性手帳」も、女子たちに成功を目指し高揚させるか、不安を煽るか、その両極でしかない。それらは、たとえ一時劇的な反応を見せても、持続可能性には乏しい。それは、生命や次世代を育むという姿勢とは、真逆のところにある。だから今こそ、サイレント・マジョリティーの幸福を考えるべきだ。幸福こそが、持続可能な未来を創る鍵である。だが現状では、まだまだ北風がこの国を席巻している。

無頼化女子と保守化女子増加は、その反映である。だから北風よりも、太陽を。女子だけではなく、すべてのこの国のひとたちに太陽を、と。

切に、切に願う。

洋泉社新書版・あとがき

社会批判が、難しい昨今である。ましてや今日、女性の置かれた状況にメスを入れるのは並大抵のことではない。

女性をとりまく状況は、いまだ二枚舌で複雑怪奇である。また、女性自身が社会問題と自己の置かれた状況を結びつけて考える回路に乏しく、問題をひたすら個人的次元に回収しがちである。

このような問題を、何とか解明してみたかった、というのが本書の狙いである。念頭には、「最近の女性は」とよく言われる常套句への疑問があった。

また、個人的なことで恐縮だが、一昨年出産し、現在幼児を抱えて仕事に追われる日々であったことも大きい。子どもが産まれてから今日まで、今までの人生であまり意識しなかった、「出産・育児言説」の保守性に直面し、少なからず落ち込む場合も多かった。

デタラメな生活で、とてもではないが、理想的な母親業が務まっているとは言いがたい。自分だけの問題ならばあまり気にならないが、何しろ子どもという「責任をもたねばならない他者」がいる。放置すれば死ぬかもしれない、脆弱な存在である。

女性にまつわる言説、とりわけ、出産・育児に関しては、あまりにも理想像が喧伝されすぎている。もう少し、自分に合わせて選択し調整してもバチはあたらないのに……と思いつつ、いざ理想像を無視すると、罪悪感が頭をもたげるという苦しさも味わった。

もし、本書を読んで、同じような悩みを抱える方の心の重荷が、多少なりとも軽減することに役立てば、幸いである。

女性が無頼化している……このテーマであるが、誰が言っているのか、何をさしていっているのか、その内実は、実は千差万別である。女性の社会進出と文化規範からの逸脱、と大まかに述べたが、その受け止め方は、さまざまにあるだろう。

だが、これらの言説が示すのは、女性の置かれた矛盾した状況であり、その矛盾だらけの社会で女性が生き抜くための方途でもある。社会が不安定になればなるほど、女性たちの「女らしくない」振る舞いが批判されるが、はたしてそれは、女性たち自身に内在するだけの問題であろうか。世の乱れは、なぜかくも女性に仮託されてしまうのか。

こうした問題を問い続ける視点の提供、視座の転換に、本書が少しでも役立てれば幸いである。

本書執筆にあたり、多くの人たちのご助力をいただいた。まず、つねに叱咤激励を怠らず、おつきあいくださった洋泉社編集部の依田弘作さん。女子校文化圏について、貴重なご意見を下さった澁川祐子さん。女子界の動向については、前作『黒山もこもこ、抜けたら荒野デフレ世代の憂鬱と希望』の際収めきれなかったものの、光文社の小松現さんより多くのご助言をいただいたことが、今回日の目を見た。

若い女性の保守化現象について考えるきっかけをくださった『AERA』編集部の山下努さん、この現象について、さらにつきつめて整理する機会をくださったソフトバンククリエイティブの上林達也さんにも大変にお世話になった。

郊外に広がる風景とヤンキー文化との関連性は、トークイベントでご一緒した速水健朗さんに、多くの示唆をいただいた。ゼロ年代をつらぬくサバイバル感覚については、宇野常寛さんのご著書、および『別冊宝島』誌の対談にて、多大なるヒントをいただいた。また、対談企画をお申し出くださった田口寛之さんにも、多くの貴重なご意見をいただいた。お言葉をお借りした小林七子さんにも心よりお礼を申し上げたい。

価値論、自然観、および現代社会の根源的問題点などについては、東京工業大学『芸術言語論』講義収録を重ねる中、吉本隆明さんより多大なご示唆をいただいた。この巨大な思想の遺産を、詩人としても一研究者としても、引きつづき伝えていく所存である。

最後に、誰よりも多くの助言と校正作業につきあってくれた、夫・田中人《まさと》に、最大限の感謝と敬意を捧げたい。

みなさま、本当にありがとうございました。

おわりに

個人的なことで恐縮だが、拙書の新書版執筆時二歳だった愚息は六歳になり、今年はついに小学生である。だが、背中に張りつかれて執筆している状況にそれほど変化はない。

朝起きて、子どもが寝ているうちに執筆し、その後子どもを叩き起こして朝ご飯を食べさせつつお弁当を作って支度させてママチャリを駆って幼稚園に送り、大学の講義がない日は帰ってきて執筆しつつ洗濯機を回したり片づけ物をしているうちにお迎えの時間が来て、またもやママチャリ……。

その後、曜日によってはサッカーを習い始めた息子をスクールに連れて行って、練習を見ながらノートPCで執筆して時間が来たらまたもやママチャリで帰宅、あるいはママチャリに子どもを乗せて近所の図書館に行ったり、スーパーに行って買い物したりして、その後やっぱりママチャリで、帰宅して泥だらけの子どもを風呂に入れて、夕食を作りながら、あるいは夫が作ってくれている場合は待ちながら執筆……という日常で、考えたら無理やり書き物をしながら生活しているパターンは、あまり変わりがない。「授乳」や「オムツ交換」や「離乳食」などが、「幼稚園」や「お弁当」や「サッカー」に代わっただけである。ずっと、時間は盗まなければ書く時間が確保できないと思いながら、物を書き続けてきた。

あるとき、はたと、私は何から時間を盗んでいるのだろう？　と考えた。おそらくそれは、普通のお母さんたちが家族のために本来明けてあるべき時間からだろう。主婦は、長らく家族の時間財としてみなされてきた。だから、自分のための時間は、家族から盗まなければ作ることができないのだ。

先日息子は「ママほいほい」という絵を描いてくれた。「ママの好きなものをたくさん置いてね、ママをつかまえるんだよ！」とのこと。……私はゴキブリか、と思ったのだが、見せてもらうと、私の横に白紙の束が置いてあり、「これは〝げんこう〟だよ」と言う。

真ん中に「ぱそこん」があり、その横でニコニコしている人は「へんしゅうしゃさん」だという。わが息子よ、それではむしろママは逃げます……と思ったのだが、それはさておき、そんなに私は書き物ばかりしているのか……、とふと思った。他にも、「げら」「こうせい」「げんこうりょう」などの単語も覚えてしまった。親の因果が子に報い……、であろうか。

私ほどデタラメではないにしても、子持ち女性は多かれ少なかれ、「時間泥棒」にならねば自分の時間は作れないだろう。おそらく、独身時代は夢と希望と野望の対象であった結婚生活そのものがはらむ構造的欠陥に、驚きあきれたことのある方も多いだろう。しかも、女子にとっては、不機嫌であったり余裕がなかったりする姿を見せることは禁物である。これは、「未婚／既婚」を問わず女子の生活にべったり貼りついた呪いかもしれない。

そう、注目すべきは「生活」である。ここ数年、育児界に身を沈め、子どもを産む前にはまるきり御縁のなかった普通のご家庭のみなさんに触れる機会が増え、しみじみそう考えた。

この国の人々は、言葉やスローガンでは本質的には変わらない。言葉で示されるよりも先に、生活の中で選択されていくもののほうがずっと重く大きい。

一方、おかげさまで出版業界のみならず、テレビや新聞などメディア関連の仕事をする機会も増え、勉強になることも多かった。ただいつも不協和音のように自分の中に湧きあがるのは、おそらくこのようなメディアの受け手のマジョリティーである、「普通の人たち」と、マスコミとの感覚の落差である。ものすごくズレているわけではないのだが、拭い去ることのできない違和感。これをつきつめると、この国にかねてより存在している「言葉と生活のズレ」まで行き着いた。

私は詩人でもあり、日々言葉を用い言葉と格闘し言葉で食べている人間である。だが、その言葉は生活に届くのだろうか？　私の言葉は、決して声をあげることのない、静かなる多数派に響くのだろうか？　願わくば、これをお読みになった読者諸氏の生活の中の何かに、響かんことを。

最後に、本書刊行にあたり、私を叱咤激励しつづけて下さった亜紀書房の足立恵美さんに、心より感謝を捧げたい。

二〇一四年一月　　水無田気流

水無田気流
みなした・きりう

一九七〇年生まれ。詩人、社会学者。
早稲田大学大学院社会科学研究科
博士後期課程単位取得満期退学。
立教大学社会学部兼任講師。
二〇一三年から朝日新聞書評委員をつとめる。
著書に『無頼化する女たち』(洋泉社新書)、
『黒山もこもこ、抜けたら荒野』
『平成幸福論ノート』(田中理恵子名、光文社新書)、
共著に『女子会2.0』(NHK出版)などがある。
詩集『音速平和』(思潮社)で中原中也賞を、
『Z境』(思潮社)で晩翠賞を受賞している。

無頼化した女たち

二〇一四年二月二一日 第一版第一刷発行

著 者 水無田気流
発行所 株式会社亜紀書房
郵便番号 一〇一－〇〇五一
東京都千代田区神田神保町一－三二
電 話 〇三－五二八〇－〇二六一
http://www.akishobo.com
振 替 00100-9-144037
印 刷 株式会社トライ
http://www.try-sky.com
ブックデザイン 寄藤文平＋鈴木千佳子(文平銀座)
2014 Printed in Japan

ISBN 978-4-7505-1403-1 C0036